受教育人权

申素平 译

[澳]道格拉斯·霍奇森 著

教育科学出版社

·北 京·

教育部"新世纪优秀人才支持计划"2010年度资助项目

"我国教育法制的理论与实践创新"（NCET-10-0798）成果

致 谢

我要感谢研究助理希瑟·古德温为完成本书而在资料和信息收集方面所做的辛勤工作。我还要感谢贾丝明·伯克特为校对手稿所提供的帮助。

同样要感谢儿童国际权利项目主任、伦敦大学玛丽王后及韦斯特菲尔德学院的杰拉尔丁·范·布埃伦，感谢她提供这次研究和写作的机会，以及她的鼓励和帮助。

道格拉斯·霍奇森
珀斯

译 者 序

受教育权不仅是我国宪法规定的公民基本权利，也是国际公约确认和保障的基本人权。尊重、保护并实现公民的受教育权，不仅是国家依据宪法必须履行的国内法义务，同时也是国家承担其国际法义务、履行对国际公约的承诺的必然需要。在我国，公民的受教育权已经受到越来越多的关注和保护，除了对普通公民受教育权的整体保障，我国对农村儿童、流动儿童、留守儿童、残疾儿童等的受教育权也正在给予越来越多的重视。本书正是着眼于一般儿童的受教育权与弱势群体的受教育权保障两个方面，通过对国际、地区以及国家等不同层面的法律和政策文件进行分析和比较，提出了一个较为完整的国际法上的保障受教育人权的框架。我们相信，这些分析对完善我国的教育立法、加强对公民受教育权的保障将会具有重要价值。

本书涉及大量国际机构和国际文件的名称或内容，其中一些中文翻译并不统一，译者尽量采用权威的或通用的译文，但以下几点需要说明并请读者注意。

Council of Europe，COE，本书译为欧洲委员会，但国内也有欧洲理事会的译法，易与欧盟理事会（Council of the European Union）或欧盟下的欧洲理事会（即首脑理事会，European Council）混淆。欧洲委员会是由爱尔兰、比利时、丹麦、法国、荷兰、卢森堡、挪威、瑞典、意大利和英国通过1949年5月5日在伦敦签订《欧洲委员会法规》而成立的一个国际组织，总部设在法国的斯特拉斯堡，现有成员国46个（2005年5月），以及美国等5个部长理事会观察员国和加拿大等3个议会观察员国。

欧洲共同体（European Community, EC），是欧洲煤钢共同体、欧洲经济共同体和欧洲原子能共同体于1967年合并后的统称，1993年11月1日，欧共体正式易名为欧洲联盟（European Union, EU）。本书原文根据不同文件的发布时期而使用对应的概念，译者遵此翻译。

在主要国际人权文件中，elementary（education）和primary（education）的含义相同，被译为"初级"或"初等"教育。其中《世界人权宣言》使用了"elementary"并译为"初级"，《经济、社会及文化权利国际公约》使用了"primary"并译为"初等"，《取缔教育歧视公约》使用了"primary"并译为"初级"。译者在涉及各相关文件内容时使用其各自官方译法，其他场合则统一译为"初等"教育。

Fundamental（education）和basic（education）在国际人权文件中的含义也相同，被译为"基础"或"基本"教育，指包括读、写、算以及适应社会的基本能力的教育。其中《世界人权宣言》使用了"fundamental"并译为"基本"，《经济、社会及文化权利国际公约》使用了"fundamental education"并译为"基础教育"，《世界全民教育宣言》使用了"basic education"并译为"基础教育"。译者在涉及各相关文件内容时使用其各自官方译法，其他场合均统一译为"基础教育"。需要引起注意的是，国际人权文件及本书使用的"基础教育"概念虽在内容上与初等教育相似，但初等教育针对的是适龄儿童和少年，是强制性的，而基础教育无年龄限制，是可选择的，很多时候与成人教育的概念相当。这与我国通常将中小学教育统称为基础教育的用法有所不同。

Ethnic及ethnicity有多种翻译，通常情况下译为"人种"，但根据语境，个别地方译为"种族"或"族裔"。

关于法律条目的翻译，article译为"条"，paragragh多数情况下译为"条"，在少数表示段落的地方译为"段"。为简明起见，译者将第×条第×款均译为第×（×）条。在列举法律条目的内容时，本书原文为尊重不同国际文件的固定用法，使用了（a）、（b）……，（ⅰ）、（ⅱ）……，（1）、（2）……，1、2……等不同的序号，译者也遵从上述序号表示方式。

另外需要说明的是，自1993年联合国通过《残疾人机会均等标准规则》

后，2006 年 12 月 13 日，第 61 届联合国大会通过了具有里程碑意义的《残疾人权利公约》，确保残疾人享有与健全人相同的权利，并能以正式公民的身份生活，涵括了残疾人应享有的健康、就业、受教育和无障碍环境的权利。公约于 2007 年 3 月 30 日开放给各国签署，2008 年 5 月 3 日公约及其附加议定书正式生效。我国于 2007 年 7 月 9 日签署了该公约。公约第 24 条专门规定了教育条款，是联合国系统内迄今对残疾人受教育权保障的最新和最权威的法律规定。但因为出版时间较早，本书原文并未提及该公约及其内容，故译者在附录中增加了《残疾人权利公约》第 24 条的规定，请读者在阅读本书"残疾人的受教育权"时，特别关注附录的内容。

本书由中国人民大学教育学院申素平教授翻译，由申素平和北京市东城区职工大学李娟娟校译。中国科技馆的李苗女士为本书注释的录入和初译做了大量前期工作，中国人民大学教育学院硕士研究生王宁可对本书人名的翻译进行了核对。教育科学出版社为本书的出版提供了鼎力支持。在此一并表示谢意。

申素平

2012 年 5 月 10 日

于中国人民大学

目　录

第一部分　国家层面的发展

第二部分　国际层面的发展

第三部分　人权教育

第四部分 专门教育、特定群体及其问题

第五部分 结论

第一部分　国家层面的发展

1. 引言

儿童的受教育权……是……人类尊严的要求。在当今世界，我们拥有着史无前例的科学和技术知识的宝库，而掌握着知识资源入口的特权人士却和数以亿计的没有读写学习机会的男童和女童以及男人和女人并存，这是难以让人接受的。[1]

1954年，美国最高法院在著名的布朗诉教育董事会案（Brown v. Board of Education）[2]中，强调了教育对所有人的重要性，并强烈指出："在当代，任何一个儿童如果被剥夺受教育的机会，那么期待他/她在生活中能够获得成功，将是不可能的事情。"[3]

教育的概念当然可以有不同的界定。在最广泛的意义上，教育存在于个人与其所属社会和自然环境的互动中。这一过程除了包括学校的场景，还包括了非正式的教育途径，例如印刷的和电子的大众传媒。教育开始于家庭，在此环境中，儿童学会了第一语言及融于父母和兄弟姐妹之间的社会关系中。基于儿童与家庭成员及更大范围的社会和自然环境的互动，个人的态度和行为随即发展。[4]

广义上，教育可被界定为"一人类群体传递给其后代知识和技能以及维持生存的道德准则的所有行为"[5]。那么在此意义上，教育主要是关注将有效承担日常生活的必要技能传递给下一代，并将特定群体拥有的社会、文化、宗教和哲学价值灌输给年轻一代。联合国教育、科学及文化组织（以下简称为联合国教科文组织，UNESCO）大会将"教育"界定为："社会生活的整个过程，通过该过程，个人和社会团体有意识地在国家和国际社会中为了国家和国际社会的利益，学会发展他们个人整体的能力、态度、技艺和知识。"⑥

反过来，教育可以被更狭义地界定为"在国家、区域或地方的公共或私人教育系统内所传授的正式的或专业的指导"⑦。"教育"一词在国际文件里通常被用来指正式的公共机构的教育。例如，在1960年《取缔教育歧视公约》中，联合国教科文组织大会将"教育"一词界定为："所有类型和层次的［正式］教育，并且包括教育的进入、教育标准和质量以及进行教育的条件。"⑧欧洲人权法院将广义上的教育与狭义上的教育区分开来，认为：

> ［广义上的教育指］社会中的成人有目的地将其信念、文化及价值传授给年轻人的整个过程，而教学或指导则特指知识传授和智力发展。⑨

本书中的"教育"仅指正式的教学或指导，包括学前教育、初等教育、中等教育、高等教育以及成人教育。

人们普遍认为，正式教育是国家的一项重要职能。法国大革命和美国革命将教育作为启蒙国民并追求民主理想的手段而确立为国家的一项核心任务。⑩在约翰·斯图尔特·密尔（John Stuart Mill）的名著《论自由》中，他提出："国家应要求并促使每个身为其国民的人的教育达到一定的标准，这难道不是显而易见的道理吗？"⑪实际上，国家为提供教育而发挥的重要作用已获得宪法和公约的承认。1986年的《尼加拉瓜宪法》第119条直言不讳地宣称："教育是国家义不容辞的责任"，而1962年的《中美洲教育基本规范统一公约》第1条承认，教育是"国家的一项首要职能。国家应最大限度地提供受教育机会"⑫。受教育人权实质上是一种福利或"第二代"权利，应主要由政府机构向个人提供。国家通常是教育的主要提供者，要向教育系统投入实质的经费支持，以及规范效率和公平。⑬

然而，近来有一种趋势，非政府部门在扩大提供教育服务上的参与正逐渐被认可。在此方面，1990年在泰国举行的世界全民教育大会通过的《世界全民教育宣言》第7条指出，尽管国家、地区和地方的教育当局具有专门的义务为所有人提供基础教育，但不能期望他们能够为此提供一切需要。因此，第7条进而呼吁政府与非政府组织、私人机构、地方社区、宗教团体以及家庭建立合作关系，以更全面、更广泛地提供教育服务。

尽管儿童是主要受益者，但受教育权属于所有人。[14]1948 年联合国大会通过的《世界人权宣言》第 26（1）条在宣称"人人都有受教育的权利"时，也意味着承认教育是一个终身的持续不断的过程。实际上，欧洲委员会（Council of Europe, COE, 也译为欧洲理事会——译注）已发展了"终身教育"的概念。[15]

本书将致力于对受教育权在国际和地区层面的内容和发展进行一般性概述，并分析各种相关的热点问题。第一部分将追踪受教育权在国家层面的历史发展。第二部分将研究在国际和地区层面对受教育权的承认，以及新兴的和具有争议性的少数者和土著人的教育问题。第三部分将审视国家提供人权教育的义务。第四部分将讨论各种形式的专门教育及热点问题，如残疾人教育和父母参与其子女教育决定的问题。在很多欠发达国家基础教育出现了倒退以及一些工业化国家大幅削减教育预算的背景下，也将研究影响受教育权充分实现的具体问题。

注　释：

① Amadou-Mahtar M'Bow（联合国教科文组织前总干事）"Introduction" in G. Mialaret（ed.）*The Child's Right to Education*（1979）9, 14 – 15.

② 347 U. S. 483（1954）.

③ Id. 493.

④ A. Phillips *Education Rights and Minorities*（Minority Rights Group, 1994）5.

⑤ M'Bow, op. cit., 11.

⑥ 1974 年《关于促进国际了解、合作与和平的教育以及关于人权与基本自由的教育的建议》第 1（a）条。

⑦ M'Bow, op. cit., 11.

⑧ 第 1（2）条。

⑨ *Campbell and Cosans v. United Kingdom*, Judgement of 25 February 1982, Series A, no. 48（1982）4 EHRR 433 at para. 33.

⑩ F. Volio "The child's right to education: a survey" in G. Mialaret（ed.）*The Child's*

Right to Education (1979) 19, 22.

⑪ J. S. Mill *On Liberty* (London, 1859); the edition of Himmelfarb (Pelican Classics, 1974) 175.

⑫ 1990 年的《伊斯兰人权开罗宣言》第 9 条指出，提供教育是"社会和国家的责任"，并规定国家的义务是"保证提供有效的教育方式和教育手段"。1979 年在华沙举行的儿童权利法律保护会议通过的《正式原则声明》原则 4 规定："提供教育途径的责任……首先在于国家。"1984 年 3 月 14 日欧洲议会关于《欧洲共同体的教育自由决议》原则 7 规定："为本国的……学校提供必要的设施是国家的责任。"

⑬ D. J. Harris, M. O'Boyle and C. Warbrick *Law of the European Convention on Human Rights* (1995) 540.

⑭ 然而，将如第 4 章所言，尽管受教育权的主体包括成人和儿童，但义务教育的原则仅适用于儿童。

⑮ "成人教育"问题将在第 11 章进行讨论。

2. 受教育权的历史发展及性质

我认为，在我们整个章程中至今最重要的一项就是知识在人民中的传播。想不出其他毋庸置疑的维护自由和幸福的基本原则了……布道，我亲爱的先生，一场反对无知的圣战；建立和提升教育普通民众的法则。[①]

引言

尽管受教育权在人权等级中非常重要，但正如我们将在第 4 章看到的，受教育权直到第二次世界大战后才得到充分宣扬。本章的目的是对受教育权及其在一些国家现行宪法中被承认的历史进行简要的概述。本章的后半部分将研究受教育权的性质。

受教育权的历史

在欧洲启蒙运动以前，教育主要由父母和教会承担。只有在现代世俗国家出现后，教育才被认为是公共事务和国家的责任。[②]从 16 和 17 世纪开始，一些著名的哲学家在其著作中模糊地提及个人受教育权的现代概念。传授知识和文化不仅开始被认为是必要的道德和社会责任，而且还是个人追求的高尚目标。[③]约翰·洛克（John Locke）的《政府论》与让-雅克·卢梭（Jean-Jacques Rousseau）的《爱弥儿》，都提到父母教育子女的义务直到子女能够充分并适当地利用其自由和才能时为止。教育对人生如此至关重要，它被视为天赋的或者自然的权利[④]，优于实在法。[⑤]英国法学家威廉·布莱克斯通（William Blackstone）爵士这样描述父母对其子女的一般性责任的渊源：

父母抚养其子女的责任是自然法的原则；在把子女带到这个世界上来时，一种义务……也降临到他们身上，这种义务不仅是由自然本身而且是由他们自身的正当行为而带来的……通过生育子女……父母就自愿承担了义务，在力所能及的范围内，尽力支持和保护他们所赐予的生命。这样，子女将从父母那里得到完美的抚养权。⑥

　　教育的"民主化"，紧随法国和美国大革命而受到激发，大革命将教育（至少是为大多数公民）提升为国家或公共的职能。公共教育被视为是实现平等理想的手段，而这正是大革命的根基。教育不再如古希腊和古罗马时代那样是特殊社会阶层或极少数人的禁脔。⑦教育的独特价值和国家促进教育的重要作用被当时的杰出人物视为基本要求，其中托马斯·杰斐逊（Thomas Jefferson）认为教育是保障自由人民免受独裁的必要要求。⑧

　　英国普通法逐渐承认父母具有抚育和保护子女及为子女提供成年生活所需的基础教育的义务。布莱克斯通将父母对子女的这方面责任描述为：

　　……给予［儿童］适宜其生活环境的教育：是出于理性的责任，也是最重要的责任。如果父母仅将子女带到这个世界上，之后完全忽视他的文化和教育，使他像个野兽一样长大，过一种对他人无用对自身而言羞耻的生活，这样的父母是不值得称道的。⑨

　　受教育权尽管很重要，但在公民自由的历史中却姗姗来迟。经典的公民自由文件，如1689年的英国《人权宪章》、1776年的《弗吉尼亚权利宣言》、1776年的美国《独立宣言》、1789年的法国《人权宣言》都未包括任何涉及受教育的具体权利的条款。这些文件集中于基本的政治和公民权利，如免受任意逮捕，言论、意见和宗教信仰自由，个人生命和安全权，自由和平等，以及保护私人财产等。这些文件包含的大多数权利都是关于个人行为免受国家干预的自由领域。根据放任主义原则，个人自治和自由得到强调；国家和政府被看作对这些自由的潜在威胁，且应在最大限度上不干预个人间的事务。

　　19世纪的两种发展——社会主义和自由主义的出现，更坚定地将教育置于人权的目录中。马克思和恩格斯的著作将国家视为家长式的和有益的机构，其主要目的是通过政府积极干预和规制，使整个社会获取经济和社会福利。在19世纪中对更多权利的要求逐渐变成向国家主张基本的福利服务和权益，国家作为福利提供者的理念逐渐替代了放任主义。19 世纪的自由和反神权思想也影响到欧洲大陆对世俗受教育权的界定，这些受教育权是用来捍卫和发展科学、研究和教学自由，以反对教会和国家的干预。⑩尽管对国家过多卷入教育事务的危险保持警惕，但自由主义出于减少教会主导及保护子女权利免受父母损害的目的而提倡国家干预。⑪

在 19 世纪后半期，国家宪法和法律开始明确承认受教育权以及国家促进受教育权的责任。1849 年的《德意志帝国宪法》⑫包含标题为"德国人民基本权利"的一节，其中有 7 条（第 152—158 条）是关于受教育权的。这些权利的目的在于妥善处理儿童、父母、教会、国家以及教育机构经营者之间的利益。教育被确认为国家的一项职能，独立于教会，同时穷人享有免费教育的权利也被提出。德国公民创办和经营学校、进行家庭教育、选择职业和就业培训的权利以及科学研究和教学的自由得到保证。⑬同样，1919 年的德国《魏玛宪法》权利宪章中也有完整的一节是关于"教育和学校"的规定（第142—150 条），其中明确规定了通过免费和强制入学确保教育是国家的责任。

对儿童的关注促使了儿童福利立法的通过。义务教育法的制定要求国家负责提供公共教育、监管私立教育并为儿童提供一般性的基础教育和职业培训。这些法律为儿童提供了新的受教育机会，使大量儿童退出劳工队伍。⑭儿童劳工法也获得通过，以限制剥削童工，并确保儿童能够利用这些新的受教育机会。这些法律规定了儿童的劳动条件，以期限制可能被雇佣的未成年人每天的工作时数。1833 年的英国《工厂法》规定了薪水检察员制度，以执行劳动规章，从此社会开始关注儿童受剥削问题。⑮

国际上首先承认受教育权的事例是第一次世界大战后由协约国与战败国签署的附于和平条约之后的各种少数者条约。这些条约是用于保护因欧洲重新划定国家边界而重新安置的一些少数者的宗教和语言身份以及受教育的权利。1919 年 6 月 28 日签署的《主要协约国及参战国与波兰的协定》⑯，是这类条约中的首个，用以为少数者的受教育权提供详细的担保。该协定第 8 条规定：

属于种族、宗教或语言少数者的波兰国民应在法律和事实上享有与其他波兰国民同样的待遇和安全。特别是，他们应有平等的权利建立、管理以及控制他们自己出资建立的慈善、宗教和社会机构，学校及其他教育设施，有权使用他们自己的语言以及实践宗教的自由。

在国际联盟的主持下，国际上承认受教育权的第二个事例是 1924 年《日内瓦宣言》的公布。[17]宣言由国际联盟第五届大会于 1924 年 9 月 26 日通过，大会主席莫塔（Motta）宣布："大会通过核准日内瓦宣言，已使其成为国际联盟儿童福利的宪章。"[18]尽管没有直接承认儿童的受教育权，但其五条行动原则中的三条都暗示了这一权利。原则 1 规定："儿童须被给予其正常发展所必要的手段……"；原则 2 规定："……落后的儿童须被予以帮助"；原则 4 规定："儿童须被置于能够谋生的位置……"早前的国际协议仅关注影响儿童的特定问题，如工作条件和奴役，而《日内瓦宣言》代表着向全球保护儿童国际准则发展的第一步。其五项关于儿童福利和保护的基本原则构成了具有更精细标准的 1959 年《儿童权利宣言》[19]的基础。《日内瓦宣言》并不构成国家的法律义务，仅意味着是一个宣言及由"各国男人和女人"共同接受的一套道德标准。其实质上是一项启发性的文件，国际联盟第五届大会促请"联盟各成员国根据该项原则指导其儿童福利工作"。这样，联盟各成员国就可根据其需要和资源而采取合适的行动。

1936 年《苏联宪法》的第 121 条首次规定了明确的接受教育的人权，以及国家必须予以提供的义务。根据这一规定，苏联公民接受教育的权利通过包括高等教育在内的所有层次的免费和义务教育、国家奖学金制度和国营企业职业培训制度获得保障。[20]此后，受教育权在社会主义国家的宪法中被确认为一项重要的人权。

当代宪法对受教育权的承认

受教育人权的内容已在国家宪法及人权宪章中得到规定或在非宪法性法律或普通国内立法中予以承认。本章后三节将对这一点进行描述，并对美国宪法下教育权利的司法发展进行研究。

各国宪法对受教育权的承认

到 1988 年，在宪法中明确提及受教育权的有 52 个国家。[21]这些宪法中很多也特别提及行使此项权利时的机会平等。针对联邦国家联邦或中央政府作为一方面与州、省或区作为另一方面在立法权限上的分权，联邦国家的宪法在操作条款中也可能提及教育的主体。如在加拿大，对公共教育部分的规范就完全属于每个省的专属立法权限。②

国家宪法承认受教育权的实例包括：

——1986 年《尼加拉瓜宪法》第 121 条宣布，所有尼加拉瓜人有权自由及平等地接受教育，基础教育是免费的和义务性的。

——1977 年《苏联宪法》第 45 条宣布，所有苏联公民有受教育的权利，所有层次的教育都免费，初等和中等教育是普及性的和义务性的。

——1960 年《塞浦路斯宪法》第 20 条规定，人人都有接受指导或教育的权利，初等教育是免费的和义务性的。

——《西班牙宪法》第 27 条规定，人人都有受教育的权利，基础教育是义务性的和免费的。

——1992 年《越南宪法》将教育儿童的责任分配给家庭和国家。

——《爱尔兰宪法》第 42 条将国家的义务规定为：提供免费初等教育，承认家庭是儿童主要的和自然的教育者，保证尊重父母为其子女提供宗教和道德、智力、身体和社会教育的不可分割的权利和责任。

——1971 年《埃及宪法》规定在教育机会平等的基础上为所有公民提供充分的和义务性的教育。

——《日本国宪法》第 26 条规定，教育是国民的权利，所有人都有根据其能力同等受教育的权利。

——1967 年《巴拉圭宪法》第 89 条规定国家的义务是确保维持公共学校为所有居民提供免费学习的机会，以及确保所有学生机会平等。

——《波兰宪法》第 72 条保证所有人平等的受教育权。

——《丹麦宪法》第 76 条规定，达到强制入学年龄的所有儿童有权利接受初等学校的免费教育。

——《芬兰宪法》第 80 条规定，初等学校教育对所有人免费且是义务性的。

非宪法性法律对受教育权的承认

无论是有成文宪法和权利宪章的国家，还是不具有此类文件的国家，都在普通法律或不具有最高效力的法律中提及教育的权利和责任。例如，在后一种情况下，英国教育法给父母及地方教育机构施加法律责任，从而承认了普遍义务教育的原则。父母教育的责任包含在《1944 年教育法》的第 36 条，其规定："父母有责任使达到强制入学年龄的儿童通过上学或其他方式接受适合其年龄、能力、技能的有效的全日教育。"同样，秘鲁 1983 年《教育一般法》要求所有秘鲁人接受初等教育，保证免费的公共教育，以及禁止基于性别、种族、语言、政治立场或社会经济地位的歧视。

在其宪法和普通法律都承认受教育权的国家中，以下事例具有代表性，可以说明情况：

——韩国 1949 年《教育法》第 81 条规定无论信仰、性别或社会经济地位都享有平等的受教育机会。

——摩洛哥 1980 年《国家教育宪章》规定无论种族或性别，所有公民都有受教育以及平等接受教育的权利。

——日本 1947 年《教育基本法》规定无论种族、性别或经济地位都享有平等的受教育机会。

美国宪法下教育权利的司法发展

美国是一个有趣的研究案例，其法官依据联邦和州的宪法鉴别和界定具体教育权利的特征。教育传统上被视为州及地方的专属事项，但受制于法院尤其是美国联邦最高法院的审查，以确保州及地方层面形成和执行的教育政策和实践符合联邦宪法标准。[23]

无论是教育还是受教育权在美国宪法中都未被提及。法官在过去 40 年对教育系统实施的法律改革倾向于关注不歧视以及教育机会平等问题。[24]因此，教育机会平等的概念并非来自关于教育或教学的具体宪法规定，而是来自有关平等保护或法律待遇的一般性宪法条款。具体而言，美国法院在第一起涉及种族歧视的案例中将第 14 修正案中的平等保护条款适用于学校。在 1954 年之前，允许黑人和白人儿童分校就学的"隔离但平等"原则已经持续了一个多世纪。在著名的 1954 年布朗诉教育董事会案[25]废除隔离的判决中，联邦最高法院将第 14 修正案解释为禁止在公立学校中有意地区分种族。在其判决中，法院同时确认教育广泛地服务于公共利益，这成为 1954 年以后联邦和州法院判决教育案件时普遍接受的箴言。[26]在法院看来：

　　今天，教育可能是州及地方政府最重要的职能。强制性的入学法律和大量的教育经费都表明我们承认教育对我们民主社会的重要性。[27]

　　为使布朗判例得到遵循，美国法院对公立学校的组织、管理和课程活动等进行了广泛的控制，包括命令州为支持学校而征税的权力、为取得种族平衡而将学生和教师分配到具体学校的权力以及为取得这种平衡而命令开行校车的权力。[28]布朗判例十年后，在公共教育中废除种族隔离的努力受到了进一步鼓舞，美国国会通过了 1964 年《民权法》，禁止在公共教育中的种族歧视。因此，成文法和判例法现在都已禁止基于种族而在公共教育中否认机会平等的做法。

　　尽管美国没有此类宪法意义上的受教育权，但如果州提供了教育，它就必须遵循平等法律保护的宪法原则，在平等的基础上提供给所有人。美国法院也在努力排除影响教育机会平等的其他障碍，包括基于性别的歧视。法院主张，在入学要求上基于性别的歧视违反第 14 修正案的平等保护条款。在贝尔克曼诉洛杉矶联合学区案（Berkeman v. San FranciscoUnited School District)[29]中，法院基于平等保护的理由，否决了学区要求女生进入大学预备高中要比男生有更高的学习标准的政策。

　　在受教育权可多大程度上得到宪法保护的问题上，美国宪法法理的低潮线出现在圣安东尼奥独立学区诉罗得里格斯案（San Antonio Independent School District v. Rodriguez)[30]中。在该案 1973 年的判决中，联邦最高法院主张，受教育的权利不是一项基本的宪法权利，财产歧视不构成非法歧视。在这一结果为 5∶4 的判决中，联邦最高法院支持得克萨斯州的学校财政计划，该计划导致不同学区间的生均教育经费严重失衡。该财政计划要求每个学校的最大部分资金要通过对学区内的财产征收财产税来募集。该计划的效力受到了挑战，理由是教育属于基本利益，不同学区生均教育经费的实质差距，在一定程度上反映了每个学区提供给儿童的受教育机会的质量，该计划的效果使得贫困学区的学生不能获得与富裕学区的学生相同的教育质量，构成了对平等保护原则的违反。

在罗得里格斯案中，联邦最高法院的多数法官驳回了上诉中关于教育属于基本权利的主张。布朗诉教育董事会案中的意见是将教育界定为"启发儿童对文化价值的觉醒……为其以后的专业训练做准备……以及帮助其正常地适应环境的重要工具"[31]，在引用了该意见后，鲍威尔（Powell）代表多数法官在本案中表示，"基于平等保护条款下审查的目的，州所提供服务的重要性并不取决于它是否被视为基本权利"[32]。联邦最高法院的多数法官认为，当一些重要的政府或公共服务未被宪法明确或暗示时，联邦最高法院自身不能将这种服务界定为基本利益而使其管辖的正当性合法化。

罗得里格斯判例的效果是贫困家庭的儿童更多地进入那些难以达到最低教育标准的学校上学。[33]作为对罗得里格斯案的回应，主张教育机会平等权的诉讼当事人转向了州宪法以及州法院对州宪法的解释。[34]美国每个州的宪法都包括教育条款。[35]例如，《爱达荷州宪法》第9（1）条规定了该州立法机关的义务，要求其"确立和维持一般性的、统一的及全面的公立、免费的普通学校制度"。《伊利诺伊州宪法》第10（1）条规定：

> 本州人民的（一项）根本目标是所有人的教育发展都应根据他们的能力限度。州政府应提供有效的高质量教育机构及服务制度。

州的宪法性教育条款转而通过州的义务教育法律得到执行，这些法律一般都要求公立学校向7—16岁的儿童开放。[36]尽管在州层面的教育领域的宪法诉讼并不总是能获得成功，但受教育权已被多个州的最高法院承认为一项基本法律义务。[37]

自1973年罗得里格斯判例以来，美国联邦最高法院强调教育对所有人的至关重要性，在其历史中使用的最强烈的措辞可能是在普莱勒诉都伊案的判决中。[38]该案中，联邦最高法院根据第14修正案的平等保护条款，得出结论认为州禁止无身份的外国人享受公共教育的做法构成非法歧视，法院指出：

> 公共教育不是宪法赋予个体的一项"权利"，但也不仅仅是一些与其他

形式的社会福利立法无差别的政府利益。其意义在于，教育在保持我们的基本制度方面具有重要性，同时剥夺教育会给儿童造成持久影响。……美国人民一直极度重视教育及知识的获取。我们已经将公立学校视为保持民主政府机制的最重要的公民机构，同时也是传授社会赖以生存的价值的首要工具……此外，教育提供了基本工具，使个人可能过上有意义的生活，而这是有益于我们所有人的。总之，教育在维持社会结构方面具有根本的作用。当特定群体被剥夺了获取我们的社会秩序赖以维持的价值和技能的机会时，我们不能忽视我们的国家所承担的巨大的社会成本。[39]

在过去的 40 年中，美国法院，包括联邦层次的和州层次的，通过适用更一般性的宪法条款而不是直接的宪法规定，发展了一些特定的受教育权，特别是关于受教育机会的平等权。美国的经验是法官制法（judge-made law）影响教育领域的宪法原则发展并对社会造成重要影响的典范。

受教育权的性质

有人说，"……教育与对人生命至关重要的东西那样地密不可分，有必要将其'作为权利'赋予所有人"[40]。受教育权为何值得作为一项基本权利被承认及保护，有几个理由可以用来作为支持论据。尽管这些理由是可选择的，但要承认其中可能有重合的地方。

教育：社会功利主义或公共利益视角

社会功利主义的某些主张可以为受教育权的存在提供逻辑基础。现代社会中，国家提供教育服务所扮演的关键职能已经被承认，正如我们在美国联邦最高法院布朗诉教育董事会案[41]和普莱勒诉都伊案[42]中看到的情况那样。公共教育是社会保存其文化和价值并将其传递给年轻一代的首要手段。正如布伦南（Brennan）法官在普莱勒诉都伊案中所述的，"我们已经将公立学校视为……传授社会赖以生存的价值的首要工具"[43]。

适合的教育是更理性地实践政治和公民自由的前提，这一观点是有说服力的。《世界人权宣言》第 21（1）条宣布："人人有直接或通过自由选择的代表参与治理本国的权利。"获取最低水平的能力被视为有效行使投票权利及参与政治活动的必要条件。[44]实际上，不能有效参与所属社会的政治生活会形成严重的公民障碍[45]，受到良好教育的人口可能也是维持民主结构和理想的前提条件。正如美国联邦最高法院在普莱勒诉都伊案中所述："……如果要维护自由和独立，一定程度的教育对于使公民有效并智慧地参与我们的开放的政治体制是必要的。"[46]

受教育权也是训练年轻一代的需要，使他们成为对社会和世界有用的成员。多个国际人权文件将受教育权视为一种主要手段，即通过培养未来公民来保障世界和平。1959年联合国大会通过的《儿童权利宣言》原则7规定："……儿童所受的教育……应能使其成为社会有用的一分子。"《世界人权宣言》第26（2）条规定："教育的目的在于充分发展人的个性……教育应促进各国、各种族或各宗教集团间的了解、容忍和友谊，并应促进联合国维护和平的各项活动。"[47]

教育作为个人尊严的前提条件

构成宪法性权利法案和国际人权文件的重要的指导性和根本性原则是每个人的尊严。《世界人权宣言》序言第一段提到，"人类家庭所有成员的固有尊严……乃是世界自由、正义与和平的基础"。一些评论者认为，传授必要技能知识及训练个人逻辑思维和推理分析能力的教育构成个人尊严和自尊的基础。[48]在重视学习和成就的社会，被剥夺从教育中获益机会的个人不可能有尊严。[49]

教育作为个人发展的前提条件

承认受教育权的第三个理由是，如果没有教育，人将不能实现其潜能并成为在社会中全面发挥作用的成员。教育体系在个人发展中的作用得到一些国际人权文件的承认。例如，《儿童权利宣言》原则7规定，儿童所受的教育应能使其发展各种才能、个人判断力和道德与社会的责任感。[50]

教育：个人福利的视角

支持受教育权的另外一个基础是将其作为一项福利权的考虑。"福利权"被界定为在急需而个人不能自足的情况下拥有社会提供的必需品的权利。[51]已被完全确立的福利权包括免于饥饿及提供基本的医疗和住宿。教育也被试图加入其中。这种主张认为，个人不能为其自身的教育提供充分的保障，如果国家不向他们提供，他们将出现严重且持久的缺陷。当把教育设计为一项福利权时，教育的职能是帮助个人获取至少基本标准的文化和科学能力，以使其能够在各自社会中的不同生活领域内充分发挥作用。②基本的教育将使个人了解社会的运作方式和价值并具备交流的能力，从而能够更独立地生存。

教育可被作为个人有权利获得的一种商品，其本身既可以作为目的，同时也可作为其他福利权的手段。③在后一种意义上，可视教育为从属权利或派生权利，由此，通过提供必要水平的教育将使个人谋职更为容易，进而满足个人住房、健康保险及营养等的需要。

注 释：

① 1786 年 8 月 13 日托马斯·杰斐逊在巴黎写给乔治·威思（George Wythe）的信，引自 F. Volio "The child's right to education：a survey" in G. Mialaret（ed.）*The Child's Right to Education* 19，22.

② M. Nowak "The Right to Education" in A. Eide, C. Krause and A. Rosas（eds）*Economic，Social and Cultural Rights*（1995）189，191.

③ Volio, op. cit., 20.

④ "自然权利"是可以从人类物质的、智力的、道德的、社会的和宗教的特性中推导出来的权利，必须为人类获取尊严及个人实现所承认。

⑤ 爱尔兰宪法中有关家庭和教育问题的规定是立足于自然法的概念。参见 B. Walsh "Existence and Meaning of Fundamental Rights in the Field of Education in Ireland"（1981）2 *Human Rights Law Journal* 319，320. 同时参见 1919 年德国《魏玛宪法》第 120 条，其规定了父母在国家的监控下教育其子女的"自然权利"和责任。

⑥ Sir William Blackstone *Commentaries on the Laws of England* Vol. 1（1829）435.

⑦ Volio, op. cit., 21.

⑧ 17 *Writings of Thomas Jefferson* 417.

⑨ Blackstone, op. cit., 438 – 9.

⑩ Nowak, op. cit., 197.

⑪ Id. 191.

⑫ 1849 年 3 月的《德意志帝国宪法》尽管从未正式生效，但对欧洲大陆宪政的发展具有重要影响。参见 Nowak, op. cit., 191.

⑬ Nowak, op. cit., 191.

⑭ 在很多国家，14 岁就意味着义务教育阶段的结束。

⑮ D. Kelly Weisberg "Evolution of the Concept of the Rights of the Child in the Western World" (1978) 21 *The Review* (International Commission of Jurists) 43, 46.

⑯ 112 *Great Britain Treaty Series* 232.

⑰ 关于《日内瓦宣言》的更多细节，参见 D. Hodgson "The Historical Development and 'Internationalisation' of the Children's Right Movement" (1992) *Australian Journal of Family Law* 252, 260 – 1.

⑱ E. Sharp *The African Child*: *An Account of the International Conference on African Children* (1931) Longmans, Green and Co., London, 97.

⑲ 第 4 章将对该文件进行深入讨论。

⑳ Nowak, op. cit., 192.

㉑ George T. Kurian (ed.) *World Education Encyclopedia* (1988).

㉒ 参见 Section 93 of the *Constitution Act*, 1867 [formerly *The British North America Act*, *1867* 30 & 31 Victoria, c. 3 (U. K.)].

㉓ Samuel M. Davis and Mortimer D. Schwartz *Children's Rights and the Law* (1987) 133.

㉔ Mark G. Yudof "Article 13 and 14-Right to Education" in Hurst Human and Dana D. Fischer (eds) *U. S. Ratification of the International Covenants on Human Rights* (1993) 235, 242.

㉕ 347 U. S. 483 (1954).

㉖ Davis and Schwartz, op. cit., 132.

㉗ 347 U. S. 483 (1954) at 493.

㉘ 关于这些案例的讨论参见 J. Hogan *The Schools*, *The Courts*, *and The Public Interest* (1985) 24 – 31.

㉙ 501 F. 2d 1264 (9th Cir. 1974).

㉚ 411 U. S. 1 (1973).

㉛ 347 U. S. 483 (1954) at 493.

㉜ *San Antonio Independent School District v. Rodriguez* 411 U. S. 1 (1973) at 30.

㉝ C. de la Vega "The Right to Equal Education: Merely a Guiding Principle or Customary International Legal Right?" (1994) 11 *Harvard BlackLetter Journal* 37.

㉞ 这种新的策略产生了不一致的结果。参见 William E. Thro "To Render Them Safe: The Analysis of State Constitutional Provisions in Public School Finance Reform Litigation"

(1989) 75 *Virginia Law Review* 1639, 1641 -42.

㉟ C. de la Vega, op. cit., 50.

㊱ Yudof, op. cit., 239 -40.

㊲ S. Knight "Proposition 187 and International Human Rights Law: Illegal Discrimination in the Right to Education" (1995) 19 *Hastings International and Comparative Law Review* 183, 193 and n. 66.

㊳ 457 U. S. 202 (1982).

㊴ Id. at 221 (省略了引用的标记).

㊵ Ivan A. Snook and Colin Lankshear *Education and Rights* (1979) 34.

㊶ 347 U. S. 483 (1954).

㊷ 457U. S. 202 (1982).

㊸ Id. 221.

㊹ Snook and Lankshear, op. cit., 32.

㊺ C. A. Wringe *Children's Rights: A Philosophical Study* (1981) 146.

㊻ 457U. S. 202, 221 (1982).

㊼ 参见类似结论于《经济、社会及文化权利国际公约》第13 (1) 条。

㊽ William F. Foster and Gayle Pinheiro "Constitutional Protection of the Right to an Education" (1987 -88) 11 *Dalhouse Law Journal* 755, 771.

㊾ Id. 772.

㊿ 同时参见《世界人权宣言》第26 (2) 条和《经济、社会及文化权利国际公约》第13 (1) 条。

(51) Colin Wringe "The Ideology of Liberal Individualism, Welfare Rights and the Right to Education" in M. Freeman and P. Veerman (eds) *The Ideologies of Children's Rights* (1992) 191, 192.

(52) Snook and Lankshear, op. cit., 32.

(53) C. A. Wringe *Children's Rights: A Philosophical Study* (1981) 146.

第二部分 国际层面的发展

3. 活跃于教育领域的联合国机构

引言

尽管很多联合国机构都将教育问题纳入其职责范围，但最突出的两个机构是联合国教科文组织和国际劳工组织（ILO）。本章将研究这两个联合国专门机构的教育职能和活动。

联合国教科文组织

1945 年 6 月，法国政府在旧金山会议上建议联合国成立一个文化合作性的国际组织。1945 年 11 月，由英国和法国承办的建立教育、科学及文化组织大会在伦敦举行。大会起草了《联合国教育、科学及文化组织组织法》，并决定将总部设在巴黎。1946 年 11 月 4 日，联合国教科文组织正式成立。

从 1946 年以来，联合国与联合国教科文组织一直在教育问题上紧密合作，包括消除文盲、年轻人的人权教育以及消除教育歧视等。正如其名称所示，联合国教科文组织的主管领域就是教育、科学、文化、交流以及促进人权。1945 年 11 月 16 日在伦敦签署的《联合国教育、科学及文化组织组织法》承认教育是一项基本人权，这是全球的责任。[①]该组织法第 1（1）条规定，联合国教科文组织的宗旨是"通过教育、科学及文化来促进各国间之合作，对和平与安全做出贡献，以增进对正义、法治及联合国宪章所确认之世界人民不分种族、性别、语言或宗教均享人权与基本自由之普遍尊重"。

为实现该宗旨，第 1（2）条规定联合国教科文组织将：

（a）通过各种群众性交流工具，为增进各国人民间之相互认识与了解而协力工作，并为达此目的，建议订立必要之国际协定，以便于运用文学与形象促进思想之自由交流。

（b）通过下列办法给教育之普及与文化之传播以新的推动：

应会员之请求，与之协作开展各种教育活动；

建立国家间之协作以促进实现不分种族、性别及任何经济或社会区别均享有平等的受教育机会之理想；

推荐最适合于培育世界儿童担负自由责任之教育方法。

（c）通过下列办法维护、增进及传播知识：

保证对图书、艺术作品及历史和科学文物等世界遗产之保存与维护，并建议有关国家订立必要之国际公约；

鼓励国家间在文化活动各个部门进行合作，包括国际间交换在教育、科学及文化领域中积极从事活动之人士，交换出版物、艺术及科学珍品及其他情报资料；

提出各种国际合作办法以利于各国人民获得其他国家之印刷品与出版物。

联合国教科文组织的主要机关包括由各成员国组成的大会、由大会选举产生的执行局以及由总干事领导的秘书处。为实现其宗旨，除其他事务外，联合国教科文组织制定并监督国际教育标准的实现；搜集和散播利于教育、科学或文化发展的信息；向会员国提供咨询服务和技术帮助，并协助设立教育、科学与文化机构和中心；组织大会、研讨会与专题班；向一些非政府组织提供津贴。[②]

联合国教科文组织在其制定标准的职能范围内，以实现一般人权及受教育权为目的，已经通过了以下国际文件（其中的一些文件将在第4章详细分析）：

1960 年《取缔教育歧视公约》

1960 年《取缔教育歧视的建议》

1962 年《设立一个和解及斡旋委员会负责对〈取缔教育歧视公约〉各缔约国间可能发生的任何争端寻求解决办法的议定书》

1966 年《关于教师地位的建议》

1966 年《国际文化合作原则宣言》

1972 年《为情报自由流通、扩大教育范围和发展文化而使用卫星无线电广播的指导原则宣言》

1972 年《保护世界文化和自然遗产公约》

1974 年《关于技术和职业教育的修订建议》

1974 年《关于促进国际了解、合作与和平的教育以及关于人权与基本自由的教育的建议》

1974 年《关于科学研究者地位的建议》

1976 年《关于发展成人教育的建议》

1978 年《关于宣传工具为加强和平与国际了解，为促进人权以及为反对种族主义、种族隔离和反对煽动战争做出贡献的基本原则宣言》

1978 年《国际体育运动宪章》

1978 年《种族与种族偏见问题宣言》

除制定包含国际性教育标准的国际协议外，联合国教科文组织自 1960 年通过《取缔教育歧视公约》以来，还组织了一系列的地区部长级教育计划会议。自 1960 年以来，这些会议促使一系列保证平等受教育机会和待遇以及确定教育与经济和社会发展连接的教育政策和计划得以制定和执行。这些定期的地区会议将欧洲、非洲、亚洲、拉美和加勒比以及阿拉伯国家的教育部长集合在一起，确认人人享有受教育的权利以及教育民主化的目标，评估取得的成就和面对的困难，研究教育发展的趋势、问题、解决办法以及前景。③

对上述公约和建议所规定的标准在会员国国内法律和政策中的执行情况的检查，根据报告和申诉程序，由联合国教科文组织教育公约和建议委员会承担。1978 年，联合国教科文组织执行局通过了一项复杂的申诉程序，规定了联合国教科文组织如何接收和处理声称人权尤其是受教育权受到侵犯的来函。④

国际劳工组织

1919 年，巴黎和会根据《凡尔赛条约》第XIII部分成立了国际劳工组织。

尽管国际劳工组织先于联合国成立，但其如同联合国教科文组织一样，也是联合国的专门机构。国际劳工组织总部设在日内瓦，其中的各种机构，都按照三边结构原则组成。国际劳工组织的首要执行机构——理事会，与立法和政策制定机构——国际劳工大会，都由政府代表、雇主代表和工人代表组成。

建立国际劳工组织的主要目的是帮助提高世界各国的工作条件。为此，国际劳工组织从建立时起就开始制定国际劳工标准，这些标准体现在国际公约和建议中。⑤正如联合国教科文组织的情况，国际劳工组织的公约作为国际条约，要经过批准并要求批准的国家承担国际法律义务。同联合国教科文组织一样，国际劳工组织也制定了程序，定期监督这些义务的履行情况。其主要监督机构是适用国际劳工组织公约与建议的专家委员会。同时，也正如联合国教科文组织一样，国际劳工组织的建议并不产生国际义务，其仅是为国家的政策和行动提供指导。然而，由于建议是由国际劳工组织通过的，其通常代表着国际社会对某一主题事项的协商一致，因此也经常被纳入国内的劳工法律。

1944 年 5 月在费城举行的国际劳工组织大会通过了《关于国际劳工组织的目的和宗旨的宣言》，其中的原则Ⅲ（j）规定，国际劳工组织的神圣职责是深化世界各国间的工作计划，达到"教育和职业机会的平等"。1962 年 6 月 22 日，国际劳工组织大会通过了《社会政策（基本目标和标准）公约》；对教育和职业培训问题做了较为详细的规定。⑥其中，第 14 条宣布，"在职业培训机会方面……消除工人间的各种歧视，应是政策的目标"。第 15 条很重要，有必要全文列出：

（1）为使两种性别的儿童和年轻人为有用的职业做好有效准备，应在当地条件下，最大限度地为广泛的教育、职业培训和学徒制度的渐进发展提供足够的必需品。

（2）国内法律和规章应规定离校年龄及佣工的最低年龄和条件。

（3）为使儿童人口从现存教育设施中获益，以及为使这种设施的扩展不受对儿童劳工需求的阻碍，在那些当地教育设施能够满足多数学龄儿童需要的地方，禁止在学校开学期间雇佣未到离校年龄的人。

　　在其整个历史中，国际劳工组织一直关注的是保证儿童劳工的最低年龄，这与完成义务教育的年龄密切相关。其通过规定最低工作年龄不得低于完成义务教育的年龄，排除了儿童被合法雇佣的同时又履行法定上学义务的可能性。⑦国际劳工组织处理佣工年龄事项的公约包括：

　　1919 年《最低年龄（工业）公约》（第 5 号公约），经 1937 年修订（第 59 号公约）

　　1920 年《最低年龄（海上）公约》（第 7 号公约），经 1936 年修订（第 58 号公约）

　　1921 年《最低年龄（农业）公约》（第 10 号公约）

　　1932 年《最低年龄（非工业雇佣）公约》（第 33 号公约），经 1937 年修订（第 60 号公约）

　　1959 年《最低年龄（渔民）公约》（第 112 号公约）

　　1965 年《最低年龄（地下作业）公约》（第 123 号公约）

　　1973 年国际劳工组织大会通过的《准予就业最低年龄公约》（第 138 号公约）⑧试图对各种形式的工作和雇佣的最低年龄确立国际协议，并试图代替上述以经济部门为基础的国际劳工组织条约。该公约在序言中写道，该公约意图"逐步替代现有的适用于有限经济部门的文件，以达到全部废除童工的目的……"该公约第 2 条规定，准予就业的最低年龄"应不低于完成义务教育的年龄"。

　　国际劳工组织已通过了很多有关职业培训的建议，包括：

　　1939 年《职业培训建议》（第 57 号建议）

　　1939 年《学徒建议》（第 60 号建议）

　　1949 年《职业指导建议》（第 87 号建议）

　　1956 年《职业培训（农业）建议》（第 101 号建议）

　　1962 年《职业培训建议》（第 117 号建议）

国际劳工大会也于 1983 年通过了《残疾人职业康复和就业公约》（第 159 号公约）。

其他活跃于教育领域的联合国机构

1946 年，联合国经济和社会理事会（ECOSOC）建议联合国大会创立联合国国际儿童紧急救助基金会（后通常被称为联合国儿童基金会，UNICEF），以帮助第二次世界大战受害国的儿童改善生活。1946 年 12 月 11 日，联合国大会根据第 57（1）号决议创立了联合国儿童基金会。[9] 尽管联合国儿童基金会仍继续帮助受战争、干旱、饥荒和其他冲突及紧急情况影响的儿童，但其活动范围迅速拓宽。联合国儿童基金会引入了健康和营养计划，以帮助发展中国家与婴儿高死亡率、儿童健康不良及饥饿做斗争。自 1961 年以来，联合国儿童基金会不仅致力于儿童福利和计划生育，而且对教育和职业培训加大了投入。[10]

1946 年，经济和社会理事会还建立了妇女地位委员会，主要负责对有关妇女权利的国际法的执行进行监视和督促。为实现其职能，妇女地位委员会为经济和社会理事会准备建议和报告以提升妇女在政治、经济、公民、社会及教育领域的权利。提高妇女在教育、科学及文化中的地位和作用，消除在教育领域对妇女的歧视，一直是妇女地位委员会的优先事项。妇女地位委员会同时还研究联合国教科文组织为女童和妇女教育的特定问题而准备的报告，并就有关问题向会员国提出建议，例如：女童和妇女接受初等、中等和高等教育的问题；接受技术和职业教育的问题；以及进入教学职业的问题。[11]

承认受教育权的国际会议及联合国的其他行动

自 20 世纪 60 年代初期以来，联合国及其机构主要针对受教育权，特别是长期难以解决的文盲问题，已采取了各种行动。在 20 世纪 60 年代，联合国大会与经济和社会理事会、联合国教科文组织合作，深入开展了一项"世界普遍扫盲运动"。非洲经济委员会与亚洲和远东经济委员会在该运动中也非常活跃。[12] 在 1963 年 12 月 11 日第 1937 号决议和 1965 年 12 月 8 日第 2043 号决议中，联合国大会就消除文盲问题向各会员国和联合国教科文组织提出建议；在 1966 年 12 月 15 日第 2192 号决议中，联合国大会促请会员国、国际组织和私人机构向"世界普遍扫盲运动"提供持续和有效的财政、物质和技术支持。⑬

1968 年 5 月，联合国赞助的第一届国际人权会议在德黑兰召开。国际社会对文盲问题的持续广泛关注使得会议通过了《德黑兰宣言》⑭第 14 条，该条规定：

> 全世界文盲数逾 7 亿，这对于实现《联合国宪章》的目的与宗旨及《世界人权宣言》的规定，实为重大障碍。是以亟须注意采取国际行动，以扫除世上文盲，提倡各级教育。

在其 1968 年 5 月 12 日的第 12 号决议中，会议促请各国政府分配更多资源，以扫除文盲，并加强对适当教育计划的合作与支持。会议同时促请联合国大会提请人权机构对扫盲作为确保有效享有人权的手段的重要性予以关注，呼吁联合国及其专门机构，尤其是联合国教科文组织，尽力支持有关提高文化对经济和社会发展贡献的努力。⑮

可能不仅仅出于巧合，联合国大会在 1968 年 12 月 17 日第 2412 号决议中将 1970 年定为"国际教育年"。在 2412 号决议中，联合国大会建议会员国评估其教育和培训情况，并发起与"国际教育年"的目的和主旨相关联的行动和研究。"国际教育年"实质上为各国提高和扩张教育系统提供了反思和行动的机会。

1972 年，当联合国大会于 12 月 11 日通过第 2951 号决议时，联合国本身作为一员进入了教育部门。根据该决议，联合国决定在东京建立联合国支持的国际大学——联合国大学。联合国大会也规定了联合国大学的目标和原则，其中包括研究全球紧迫性问题，包括饥饿、人类福利、经济和社会发展、和平共处、人权以及科学和技术研究及其对发展问题的适用等问题。⑯

到 1986 年，全球文盲人数从 1968 年德黑兰会议时的约 7 亿上升到了约 8.89 亿。在 20 世纪 80 年代，尽管通过联合国教科文组织设立了四个区域项目，以支持各国实现普及初等教育和扫除成年文盲，但文盲数量还是增加了。[17]在 1986 年举行的第 23 届会议中,联合国教科文组织大会对文盲问题表示深切关注,并吁请联合国宣布和实施"国际扫盲年",以更大力度促进扫盲和教育传播。[18]联合国大会在 1986 年 12 月 4 日第 41/118 号决议中同意了联合国教科文组织的吁请,敦促联合国教科文组织制订行动计划,以帮助各会员国到 2000 年时扫除文盲。联合国大会在 1987 年 12 月 7 日第 42/104 号决议中宣布 1990 年为"国际扫盲年",同时承认扫除文盲是保证受教育权的前提条件,该问题应是联合国教科文组织的优先议题。1989 年 11 月 20 日联合国大会通过的《儿童权利公约》第 28(3)条在此倡议的基础上,呼吁所有会员国"促进和鼓励有关教育事项方面的国际合作,特别是着眼于在全世界消灭愚昧与文盲……"作为对联合国大会吁请的回应及对第 28(3)条的认可,联合国教科文组织大会在 1989 年第 25 届会议上通过了《到 2000 年扫除文盲行动计划》。

作为"国际扫盲年"的标志,第一次"世界全民教育大会"于 1990 年 3 月在泰国宗滴恩(Jomtien)举行。该会议的举行同时意味着国际社会以前所采取的降低文盲率的联合行动的失败。实际上,大会通过的《世界全民教育宣言》序言指出,尽管世界各国做出了确保人人享有受教育权的显著努力,但下述事实依然持续:

——超过 1 亿多儿童,至少包括 6000 万女童,未接受过初等学校教育;

——超过 1 亿多儿童及无数的成人没有完成基础教育……

——超过 9.6 亿成人是文盲,其中 2/3 是妇女,且半文盲在包括工业化国家和发展中国家在内的所有国家中都是一个严重问题……

根据联合国教科文组织 1990 年的扫盲率统计[19],非洲、亚洲及拉丁美洲的扫盲率落后于工业化的北半球国家:

北美、欧洲、澳大利亚和新西兰	95% 或以上
次撒哈拉非洲	47%
加勒比及拉丁美洲	85%

阿拉伯国家	51%
东南亚国家	80%
东亚国家	76%
南亚国家	46%

尽管北半球的工业化国家具有相对较少的文盲，但他们有相当比例的"半文盲"——那些读写和计算能力不足而难以充分参与就业、教育和社会机会的人。[20]到 1990 年，人人享有受教育权在很多发展中国家已变成一项理论上的权利，这些国家被债务危机所困扰，不得不削减政府预算。联合国教科文组织总干事费德里科·马约尔（Federico Mayor）在 1990 年曾评论道：

> 过去几年见证了基础教育服务前所未有的停止增长及教育质量的停滞和恶化……实现普及初等教育的目标在几近一半的发展中国家越来越远而不是更近。[21]

在这样的背景下，联合国教科文组织、联合国儿童基金会、联合国开发计划署及世界银行联合举办了"世界全民教育大会"。在 1990 年 3 月 9 日的闭幕会上，来自 155 个国家的代表，其中包括教育领域和其他主要部门的政策制定者和专家，以及 20 个政府间机构和 150 个非政府组织的官员和专家，鼓掌通过了两个文件——《世界全民教育宣言》和《满足基本学习需要的行动纲领》。正如"世界全民教育大会"跨部门委员会执行秘书瓦迪·哈达德（Wadi Haddad）所说，这两个文件"……代表了全球对基础教育扩张理念的共识，以及对确保满足所有国家的儿童、少年及成人基本学习需要的再次承诺"[22]。

尽管《世界全民教育宣言》和《满足基本学习需要的行动纲领》的一些规定将在本书后半部分提及，但现在就应说明一些具有更重要意义的序言和操作规定。尽管这些规定并不具有法律拘束力，但对于制定国内法律和政策却具有启发性。《世界全民教育宣言》序言第 5 项承认，"目前教育设施在整体上严重不足，必须……使其普及"。序言第一段重申教育是一项根本的和普遍的人权。序言倒数第 2 段指出基础教育是加强包括科学和技术在内的更高层次教育的重要前提，也是自我发展的重要前提。在《世界全民教育宣言》的操作性规定中，第 1（1）条部分规定如下：

人人——儿童、少年和成人——都应能获得旨在满足其基本学习需要的受教育机会。基本学习需要包括基本的学习工具（如读、写、口头表达、演算和问题解决）和基本的学习内容（如知识、技能、价值观念和态度），这些内容和手段是人们为能生存下去、充分发展自己的能力、有尊严地生活和工作、充分参与发展、改善自己的生活质量、做出有见识的决策并能继续学习所需要的。

《世界全民教育宣言》第 5 条指出，初等学校教育是除家庭外对儿童进行基础教育的主要系统，必须是普及性的，并保证所有儿童的基本学习需要得到满足。第 1（4）条和第 5 条分别承认基础教育和读写本身都是必要的技能，也是其他生活技能的基础。《满足基本学习需要的行动纲领》第 45（g）条认为，为通过在高文盲率地区实施基础教育计划，大幅减少世上众多的文盲，需要双边及多边的帮助。《满足基本学习需要的行动纲领》第 8 条指出各国在 20 世纪 90 年代努力实现的宏伟目标包括：到 2000 年普遍接受和完成初等教育，到 2000 年成人文盲率减至 1990 年的一半并大幅降低现存男性和女性文盲率的差距等。

降低文盲率及扩大基础教育的接受率也是 1993 年 6 月在维也纳由联合国资助举行的世界人权会议的重要议题。会议经协商一致通过了《维也纳宣言和行动计划》，再次确认人权的普遍性及国家对儿童等特殊群体采取措施的义务。《维也纳宣言和行动计划》第 Ⅱ B 部分第 4 节第 47 条（标题为"儿童权利"）要求各国将《儿童权利公约》纳入国家行动计划，将减少文盲和接受基础教育放在特别优先的位置。

注 释：

① 《联合国教育、科学及文化组织组织法》4 U. N. T. S 275.

② United Nations *United Nations Action in the Field of Human Rights*（1988）p. 29, para. 230.

③ 1980 Report submitted to the United Nations General Assembly by the Director-General of

UNESCO A/35/148, paras. 9 and 10.

④ 来函程序同样涵盖父母、监护人以及少数群体成员的申诉。参见 M. Tardu *Human Rights: The International Petition System* (1980) Vol. 3, Part Ⅱ, Booklet Ⅳ, 13 – 14.

⑤ See generally E. Osieke *Constitutional Law and Practice in The International Labour Organisation* (1985).

⑥ 第 117 号公约于 1964 年 4 月 23 日生效。其全文可见 494 *United Nations Treaty Series* 249。

⑦ Geraldine Van Bueren *The International Law on the Rights of the Child* (1995) 265.

⑧ 1015 *United Nations Treaty Series* 297.

⑨ United Nations *United Nations Action in the Field of Human Rights* (1980) 209.

⑩ United Nations *United Nations Action in the Field of Human Rights* (1980) 209.

⑪ United Nations *United Nations Action in the Field of Human Rights* (1980) 146.

⑫ United Nations *United Nations Action in the Field of Human Rights* (1980) 199.

⑬ Ibid.

⑭ 在 1968 年 5 月 13 日举行的第 27 届国际人权会议全体会议上通过。

⑮ United Nations (N.Y.) *United Nations Action in the Field of Human Rights* (1980) 199.

⑯ Id. 199 – 200.

⑰ 拉丁美洲和加勒比地区在教育领域的主要项目;非洲地区消除文盲计划;亚洲太平洋地区全民教育计划;阿拉伯国家 2000 年前初等教育普及化和更新化以及消除文盲区域计划。

⑱ United Nations *United Nations Action in the Field of Human Rights* (1988) 169.

⑲ T. Skutnabb-Kangas *Language, Literacy and Minorities* (1990) (Minority Rights Group Report) 7.

⑳ Id. 5.

㉑ U. N. I. C. E. F. *The World Summit for Children* (1990) 14.

㉒ 机构间委员会《世界全民教育宣言》及《满足基本学习需要的行动纲领》(1990) 序言。

4. 国际社会根据公约及习惯法对受教育权的承认

一切起始于教育，没有教育，自然和社会都不能达到其有用的目的。这就是教育被普遍置于优先地位的原因。[①]

引言

受教育人权在人权序列中具有鲜明的特点，其为国际和地区文件以及习惯法所承认。这种承认的层次和渊源都将在本章予以研究。

国际文件对受教育权的承认

四个主要国际人权文件都明确详细地承认并确认了受教育权。这四个文件是1948年的《世界人权宣言》、1960年联合国教科文组织的《取缔教育歧视公约》、1966年的《经济、社会及文化权利国际公约》以及1989年的《儿童权利公约》。同时其他很多处理特定群体或事项的文件也对受教育权进行了承认。这些文件将在本部分予以列举。

主流的承认

《联合国宪章》由在旧金山举行的联合国国际组织会议通过，并于1945年10月24日生效。《联合国宪章》是建立联合国组织框架及确立联合国指导原则的国际条约。其规定具有实在国际法的效力，为其所有会员国创设了必须信守的责任。[②]《联合国宪章》第55（b）条要求联合国促进"国际间文化及教育合作"，为各国间和平关系创造必要的安定及福利条件。第73条对负有管理非自治领土责任的会员国施加义务，除其他外，要求这些国家通过保证非自治领土居民的"教育进展"，以增进他们的福利。尽管《联合国宪章》本身并未保证受教育权，但通过公约及习惯法确为教育的发展提供了基础。

第一次直接、明确规定受教育权的是1948年的《世界人权宣言》。其第26（1）条规定：

人人都有受教育的权利，教育应当免费，至少在初级和基本阶段应如此。初级教育应属义务性质。技术和职业教育应普遍设立。高等教育应根据成绩而对一切人平等开放。

《世界人权宣言》第26（1）条须与第2条结合起来理解。第2条规定，"人人有资格享受本宣言所载的一切权利和自由，不分种族、肤色、性别、语言、宗教、政治或其他见解、国籍或社会出身、财产、出生或其他身份等任何区别"。

《世界人权宣言》由联合国大会于1948年12月10日一致通过，以充实《联合国宪章》第55条这一人权条款的内容，并提供"所有人民和所有国家努力实现的共同标准"。将受教育权包括在内并不是一个争议性的问题，因此讨论很简洁。[3]对于第26（1）条的措辞，似乎初级（elementary）和基本（fundamental）教育没有明显区别。初级教育明确包括基本教育的元素，如读写、计算及社会生活必需的基本知识和技能教学。但这些元素可能因社会不同而不同，基本教育的概念可能最好由各国来界定。[4]高等教育应根据成绩而非财富或地位对一切人开放。向儿童提供免费教育意味着每个国家都应建立免费的公共教育系统，以使最大多数儿童能够接受教育。[5]

义务性的初级教育似是基于这样一种观念，即人人都有免费享有一定阶段教育的权利。如果"义务性"一词意指任何人和机构都不得阻止儿童接受基础教育，受教育权与初级教育强制性之间的明显不协调处就可得到弥合。这向国家施加了义务，例如，在父母疏忽或无知的情形下，国家必须确保儿童至少接受初级教育。[6]

尽管在通过时《世界人权宣言》并不具有拘束力，只具有启发的性质，但在只有为数不多的国家才拥有足够的中等和高等教育系统时，清晰地规定出众人所需仍是一件值得注意的事情。[7]然而，《世界人权宣言》将免费教育局限于初级教育似已落后，因为当时很多国家的中等教育甚至高等教育也是免费的。[8]"免费"一词应被理解为提供初级教育本身免于收费，但并不当然意味着学生的其他费用也包括其中，如用于交通、课本和校服的费用等。美国宪法法理的立场是，如收费涉及学校的核心教育任务，则违反州宪法，但附带收费是允许的。⑨

《世界人权宣言》的教育条款受到之后的联合国文件包括联合国大会1966 年 12 月 16 日通过的《经济、社会及文化权利国际公约》的确认，并被进一步充实和细化。不同于《世界人权宣言》，《经济、社会及文化权利国际公约》是一项国际条约，向批准或加入的国家规定了法律上的有拘束力的义务。《经济、社会及文化权利国际公约》的很多条款都提到教育。第 6（2）条要求缔约国制订和执行"技术的和职业的指导和训练计划"，以充分实现工作权。第 10（1）条宣布，对负责照顾和教育未独立的儿童的家庭，应给予尽可能广泛的保护和帮助。第 14 条涉及发展中国家，其规定：

> 本公约任何缔约国在参加本公约时尚未能在其宗主领土或其他在其管辖下的领土实施免费的、义务性的初等教育者，有责任在两年之内制订和采取一个逐步实行的详细的行动计划，其中规定在合理的年限内实现所有人均得受免费的义务性教育的原则。

第 14 条同时适用于那些原本实行免费初等教育但在成为公约缔约国前又恢复了收取学费的国家。⑩20 世纪 60 年代是"发展的十年"，在这样的工作背景下，第 14 条的起草者意识到免费的、义务性的初等教育与经济发展之间具有联系。

《经济、社会及文化权利国际公约》第 13 条扩展了《世界人权宣言》第 26（1）条规定的受教育权内容。第 13 条是专门规定受教育权的条款，是当时国际法律文件中对这一主题规定得最为全面及详细的条款。其原因，在很大程度上归结于起草者所要咨询的联合国教科文组织倾向于要详细规定受教育权。⑪总体而言，第 13 条是希望促进所有人享有不太昂贵的、平等的及综合的教育。

与《世界人权宣言》第 26（1）条一致，第 13（1）条宣布，"……各缔约国承认，人人有受教育的权利"，同时，第 13（2）（a）条要求初等教育应为义务性质并一律免费。这样，第 13 条就默认了受教育机会平等的观念，该观念在公约第 2（2）条的不歧视规定中予以重申。正如一评论者所言，通过将整个初等教育规定为义务教育，受教育权成了国际法中唯一规定了相应责任的人权。[12]义务教育是国家保护儿童免受父母伤害及经济盘剥的重要手段。[13]正如我们在第3章所看到的，通过规定受雇的最低年龄来禁止童工，是对义务性的初等教育标准的补充。

不同于第26（1）条，第13条明确提及中等教育。第13（2）（b）条规定：

各种形式的中等教育，包括中等技术和职业教育，应以一切适当方法普遍设立，并对所有人开放，特别要逐渐做到免费。

由此来看，中等教育并不要求是义务性的。第13（2）（c）条实质上重复了《世界人权宣言》第26（1）条关于高等教育的规定，但通过规定高等教育也要"逐渐做到免费"而更进了一步。第13（2）（e）条是一项新条款，呼吁积极发展各级学校制度、设置适当的奖学金制度以及不断改善教员的物质条件。

第13条规定的受教育权的执行在性质上属于渐进性，要求国家积极作为，因为《经济、社会及文化权利国际公约》缔约国负有义务将现有教育条件提高到可用资源的最大限度。这在《经济、社会及文化权利国际公约》第2（1）条中规定得非常清楚，即："每一缔约国家保证尽最大能力个别采取或经由国际援助和合作……采取措施，以便用一切适当方法……逐渐达到本公约中所承认的权利的充分实现。"联合国经济、社会及文化权利委员会拒绝接受权利的实施可以被无限期推迟这一观念。委员会认为，"采取措施"的义务是严肃的，国家的贫穷不是不采取行动的有效理由，因为勤勉的政府应从国际社会寻求资源。[14]委员会认为：

……尽管相关权利的充分实现可能是渐进性的，但在公约对相关国家生效后的较短的合理时间内，各国必须采取实现目标的措施。这种措施应是有意的、具体的，目的应尽可能明确地朝向实现公约规定的义务。[15]

《关于执行经济、社会及文化权利国际公约的林堡原则》具体涉及《经济、社会及文化权利国际公约》[16]第2（1）条的解释，同样对分析缔约国履行在第13条下承担的义务是有帮助的。原则21规定：

"渐进达到权利的充分实现"的义务要求缔约国为实现权利而尽可能迅速行动。在任何情况下这都不能被解释为国家有权无限期推迟保证充分实现的努力。相反，所有缔约国都有义务立即开始采取措施，实现其公约义务。

《关于执行经济、社会及文化权利国际公约的林堡原则》的原则23和25几乎没有给发展中国家任何缓和的余地。原则23规定，"渐进实现的义务应独立于资源的增加；它要求有效利用可获得的资源"。原则25认为，"不管经济发展水平如何，缔约国有义务保证对所有人最低生存权利的尊重"。这就是说，基础教育——读写、计算及基本生活技能被认为是最低生存权利，如此，政府分配稀缺资源时就须给予基础教育充分的优先地位。

1989年11月20日联合国大会通过的《儿童权利公约》包含一些涉及教育的条款。第23（3）条提到缔约国有保证残疾儿童有效获得教育和培训的义务。第40（4）条涉及在青少年犯罪的情况下，采用指导、教育及职业培训方案作为机构照管的代替办法。第32（1）条确认儿童有权受到保护，以免从事任何可能对儿童有害或妨碍儿童教育的工作。第28条及第29条涉及教育的目的（将在第5章论述），代表了国际层面对受教育权的最全面规定。该公约第28（1）条规定：

缔约国确认儿童有受教育的权利，为在机会均等的基础上逐步实现此项权利，缔约国尤应：

（a）实现全面的免费义务小学教育；

（b）鼓励发展不同形式的中学教育（包括普通和职业教育），使所有儿童均能享有和接受这种教育，并采取适当措施，诸如实行免费教育和对有需要的人提供津贴；

（c）根据能力以一切适当方式使所有人均有受高等教育的机会；

（d）使所有儿童均能得到教育和职业方面的资料和指导；

（e）采取措施鼓励学生按时出勤和降低辍学率。

《儿童权利公约》和《经济、社会及文化权利国际公约》都未提到学前教育，这是一项相当令人失望的遗漏，原因是接受学前教育的权利被联合国教科文组织认为很重要，因为儿童对诸如种族一类问题的态度经常是在学前教育时期形成的。[17]在对《儿童权利公约草案》进行技术性审查时，联合国教科文组织对第 28（1）（a）条中未提及对儿童的早期关护和教育表示关注。[18]在第二次审读公约时，联合国教科文组织试图修改现在的第 28 条，加入缔约国的法律责任："利用各种可能的方法，特别是为残疾儿童，便利提供早期儿童关护和教育，以有助于少年儿童的成长、发展以及提高其在其他层次教育中的后续成就。"[19]但由于很多国家反对提高教育预算，联合国教科文组织的修改建议未获采纳，导致国际法没有规定国家提供任何学前教育的责任。[20]尽管如此，学前教育在具有法律拘束力的和不具有拘束力的国际文件中都曾被提及。这可参考 1962 年《中美洲教育基本规范统一公约》第 10 条、1979年《消除对妇女一切形式歧视公约》第 10（a）条、1978 年联合国教科文组织通过的《体育教育和运动国际宪章》第 1 条以及阿拉伯国家联盟通过的《阿拉伯儿童权利宪章》第 B.3 款。作为学前教育的一部分，联合国教科文组织 1974 年通过了《关于促进国际了解、合作与和平的教育以及关于人权与基本自由的教育的建议》，并敦促会员国支持与建议目的相符的行动。

《儿童权利公约》第 28（1）条开始部分使用的"逐步"一词，须与第 4条结合起来理解。第 4 条要求缔约国采取措施，根据其现有资源所允许的最大限度，实施公约承认的经济、社会及文化权利。在公约起草阶段，一些代表团，包括来自中国和孟加拉国的代表团，表达了对国家间不同经济发展水平及其对提供免费教育能力的影响的关注。[21]尽管第 28（1）条重复了《经济、社会及文化权利国际公约》第 13（2）（a）条而做的规定，但可以认为前者所规定的义务要弱于后者。这是因为《儿童权利公约》缺少与《经济、社会及文化权利国际公约》第 14 条相应的规定，该条要求尚未实行免费和义务初等教育的缔约国在两年内采取实施该制度的详细行动计划。《儿童权利公约》则没有写明时间要求。

第28（1）（b）条是基于《经济、社会及文化权利国际公约》第13（2）（b）条而做的规定。然而，从两方面看，第28（1）（b）条要比后者弱一些。第一，《儿童权利公约》缔约国只需"鼓励发展不同形式的中等教育"，而根据《经济、社会及文化权利国际公约》，"各种形式的中等教育……应普遍设立……"[22]第二，可能因为很多国家不能提供免费中等教育，因此免费中等教育在《经济、社会及文化权利国际公约》中被赋予了比在《儿童权利公约》中更优先的地位。日本代表团仅能在《儿童权利公约》未对缔约国施加实施免费中等教育的义务这一理解的基础上，才能接受第28（1）（b）条的措辞。[23]

对于高等教育，第28（1）（c）条同样是对现存标准的倒退，其没有包含《经济、社会及文化权利国际公约》第13（2）（c）条中"逐渐做到免费"的表述。尽管联合国教科文组织和联合国秘书处呼吁，为与《经济、社会及文化权利国际公约》第13（2）（c）条保持一致，应包含"逐渐做到免费"的提法[24]，但考虑到各国代表团的关注，即这些国家的政策仅是为接受高等教育的学生提供经济资助，因而没有改变该条的措辞。[25]很遗憾，第28条的大部分内容都降低了先前各种规定中关于受教育权的国际标准。不过，第28（1）（d）条和第28（1）（e）条是新的规定。就鼓励按时出勤上学及降低辍学率的第28（1）（e）条而言，从谈判过程来看，此条是希望通过积极的而非惩罚性的措施来实现这些目标。[26]在联合国大会于1989年通过《儿童权利公约》时，据估计有1亿的6岁儿童将在1990年上学，超过4000万的儿童将在完成初等教育前辍学。[27]

关于特定群体和主题的国际文件

除了上节讨论的对受教育权的主流的承认，受教育权也为一些规定国际关切的特定主题的国际文件所承认。联合国教科文组织大会通过的各种文件将在本节开始部分予以研究。

联合国教科文组织大会1960年12月14日通过的《取缔教育歧视公约》[28]，是第一个为公共教育规定综合国际标准的国际文件。《取缔教育歧视公约》特别想要达到的目的是消除歧视并确保所有层次教育的平等待遇和机会公平。在人权委员会的授权下，防止歧视和保护少数小组委员会对各种领域的歧视做了很多研究，而教育歧视是其中之一。特别报告员查尔斯·阿蒙（Charles Ammoun）1957 年题为《教育歧视研究》的报告㉙，建议起草一项取缔教育歧视的国际公约，并列明了公约所应依据的基本原则。这些原则被纳入了《取缔教育歧视公约》，并得到扩展。㉚为照顾一些联邦制国家会员国表达的有关批准条约涉及其州或省管辖事务的关切，联合国教科文组织大会同时与《取缔教育歧视公约》一起通过了不具有法律拘束力的《取缔教育歧视的建议》。《取缔教育歧视的建议》适用于所有尚未成为《取缔教育歧视公约》缔约国的联合国教科文组织会员国，其内容实质上与《取缔教育歧视公约》相同。㉛

从《取缔教育歧视公约》的序言看，它是明显基于《世界人权宣言》第 2 条和第 26 条的规定。这两条规定分别涉及不歧视原则和人人享有受教育的权利，两者结合在一起，就是禁止教育歧视。《取缔教育歧视公约》也谈到《联合国教育、科学及文化组织组织法》第 I. 2. (b) 条，该条赋予联合国教科文组织"加强各国间的合作，以促进教育机会平等之理想……"的任务。在 1960 年通过《取缔教育歧视公约》时，很多国家的年轻妇女和少数群体成员被拒绝进入大学㉜，在南非和美国等国家还存在种族隔离的学校制度。㉝

在《取缔教育歧视公约》中，"教育"一词指一切种类和一切级别的教育，包括受教育的机会、教育的标准和素质以及教育的条件在内。教育的民主化是通过三个关键性的操作条款来实现的。在《取缔教育歧视公约》中，第 1 (1) 条将"歧视"广义地界定为既包括直接的歧视又包括间接的歧视。"歧视"包括"基于种族、肤色、性别、语言、宗教、政治或其他见解、国籍或社会出身、经济条件或出生的任何区别、排斥、限制或特惠，其目的或效果为取消或损害教育上的待遇平等……"㉞第 1 (1) 条也明确地将下列情况视为歧视：禁止任何人或任何一群人接受教育；限制任何人或任何一群人只能接受低标准的教育；设立或维持分开的教育制度和学校（受一些例外条件的限制，将在以后的章节讨论）。㉟《取缔教育歧视公约》第 3 条要求缔约国在法律及事实上取消或防止歧视。特别是，第 3 条要求缔约国废止含有教育上歧视的任何法律规定或任何行政措施；保证学校招生没有歧视；在学费或给予学生财政协助方面，除了以成绩或需要为基础外，不容许公共当局对不同国民给予不同的待遇。在公共当局所给予学校的协助上，第3条同样禁止纯粹基于学生属于某一特殊团体的歧视。

第4条部分规定：

缔约各国……承担拟定、发展和实施一种国家政策，以通过适合于环境和国家习俗的方法，促进教育机会平等和待遇平等，特别是：

（a）使初级教育免费并成为义务性质；使各种形式的中等教育普遍设立，并对一切人开放；使高等教育根据个人成绩，对一切人平等开放……

（b）保证同一级别的所有公立学校的教育标准都相等……

……

（d）提供师资训练，无所歧视。

根据一位评论者的说法，第4条中所出现的"以通过适合于环境和国家习俗的方法"是对这样一个事实的承认，即很多国家认为保证机会平等的措施非常复杂，涉及广泛政策的执行，并将导致在相当长时期内的大量花费。[36]第4（a）条实质上确认了《世界人权宣言》第26（1）条，但增加了关于中等教育的规定。

1962年12月10日，在会员国广泛辩论后，联合国教科文组织通过了《设立一个和解及斡旋委员会负责对〈取缔教育歧视公约〉各缔约国间可能发生的任何争端寻求解决办法的议定书》。[37]该议定书通过创立国家间申诉程序，便利了《取缔教育歧视公约》的执行。议定书第1、2条设立了一个常设的由11名委员组成的和解及斡旋委员会，负责对《取缔教育歧视公约》各缔约国间关于公约的适用或解释问题的争端寻求友好解决办法。根据议定书第12条，如某缔约国认为另一缔约国未执行公约的规定，它可以提请该国注意此事项。收到通知的国家应在收到后三个月内对控诉国提供一个有关此事项的书面解释，包括已经采取的补救措施。如果此事项在收受国接到通知后六个月内尚未得到满意解决，两国中任何一国有权将此事提交委员会，而根据议定书第17条，委员会应查明事实，对有关国家进行斡旋，以便在尊重公约的基础上求得此事项的友好解决。

除了《取缔教育歧视公约》，联合国教科文组织大会也在各种不具有拘束力的建议和宣言中提及教育领域的歧视问题。基于其《组织法》第 1 条以及联合国经济和社会理事会 1948 年提出"考虑发起并建议通过消除众所周知之种族偏见的科学事实传播项目的希求"，联合国教科文组织特别关注种族主义。㊳1974 年 11 月 19 日，联合国教科文组织大会通过了 1974 年《关于促进国际理解、合作与和平的教育以及关于人权与基本自由的教育的建议》。第 7 条建议联合国教科文组织的每一会员国都制定和适用以加强教育投入为目的的国家政策，包括"确立社会正义，尊重和适用人权和基本自由，消除偏见、误解、不平等及妨碍这些目标实现的任何形式的不公平"。原则 11 呼吁各会员国采取措施，保证 1965 年《消除一切形式种族歧视国际公约》的原则成为各层次教育内容中不可分割的一部分。原则 39 也促请各会员国"保证教育资助，特别是教科书不得有引起对其他群体或人民的误解、不信任、种族主义反应、蔑视或仇恨"的因素。为达到原则 39 的目的，联合国教科文组织推动国际交流和对历史及地理教科书的关键性审查，以消除任何可能提到种族主义或种族至上主义的内容。㊴1978 年 11 月 27 日，联合国教科文组织大会通过《种族与种族偏见问题宣言》宣布，"各国……以及……整个教育界，有责任保证所有教育资源都反对种族主义……"㊵

宣传工具在教育年轻人相互尊重及谅解方面的重要作用，在 1978 年 11 月 28 日联合国教科文组织大会通过的《关于宣传工具为加强和平与国际了解，为促进人权以及为反对种族主义、种族隔离和反对煽动战争做出贡献的基本原则宣言》第 4 条得到承认。联合国教科文组织大会也通过了《全民教育第二个中期计划（1984—1989）》，其中包括对种族歧视的综合及协调的科学研究。该动议建基于《打击种族主义和种族歧视的第二个十年行动计划》，根据该计划，联合国教科文组织应继续"……在偏见之维持、传播和变更的影响因素以及各种形式的种族主义及种族与族群歧视的原因和影响……方面的工作"㊶。《全民教育第二个中期计划（1984—1989）》也涉及教育民主化，女童和妇女教育机会平等，以及残疾人、难民及移民工人遇到的教育困难问题。

联合国教科文组织的另一项重要文件是 1966 年《关于教师地位的建议》。该建议是由国际劳工组织和联合国教科文组织联合主办的一个专门政府间会议通过的。《经济、社会及文化权利国际公约》第 13（2）（e）条提到要不断改善教员的物质条件。除了其他内容，《关于教师地位的建议》旨在确立教师的最低工作条件、禁止在教师培养及雇用中任何形式的歧视以及承认教师组织在决定教育政策中的作用。设立了国际劳工组织－联合国教科文组织联合委员会，以审查该建议的执行情况。世界全民教育大会通过的《世界全民教育宣言》第 7 条部分规定，"教师服务及其地位的规定和条件，是为所有人实施教育的一个决定性因素，根据国际劳工组织－联合国教科文组织联合委员会关于教师地位的建议（1966），必须马上在所有国家予以提高"。

在规定无国籍人、难民及战争受害者的待遇的各种国际文件中也提到受教育权。1951 年《关于难民地位的公约》第 22 条与 1954 年《关于无国籍人地位的公约》第 22 条分别规定缔约国应给予难民及无国籍人"与本国国民在初等教育方面所享有的同样待遇"，而对于其他类型及层次的教育，应给予"尽可能优惠的待遇，无论如何，此项待遇不得低于一般外国人在同样情况下所享有的待遇"。武装冲突中受难者的人权受到国际人道主义法这一部门国际法的保护。《1949 年 8 月 12 日关于战时保护平民之日内瓦公约》包含很多有关教育的条款。第 24 条规定，冲突各方应采取必要措施，保证因受战争影响而成为孤儿或与家庭分离的 15 岁以下儿童的教育，在一切情形下均获便利，并将其教育尽可能委托于具有相似的文化传统之人。第 94 条规定：

拘留国应鼓励被拘禁人之文化、教育及娱乐活动、运动与游戏……
对于被拘禁人之继续其学习或研究新科目者应予以一切可能之便利。儿童及青年之教育应予保证；应许其在拘禁处所以内或以外之学校读书……

1977 年，国际社会同意通过两项人道主义法文件——《1949 年 8 月 12 日保护国际性武装冲突受难者日内瓦公约附加议定书》（第一议定书）以及《1949 年 8 月 12 日保护非国际性武装冲突受难者日内瓦公约附加议定书》

（第二议定书）。前一文件的第 78（2）条涉及国际武装冲突，规定受难儿童的教育——包括根据父母选择的宗教和道德教育，应尽可能地具有连续性。后一文件的第 4（3）（a）条涉及国内武装冲突，同样规定儿童应有权接受教育，包括根据父母的意愿接受宗教和道德教育。

1960 年《取缔教育歧视公约》第 1（1）条将"歧视"界定为包括"基于种族……的任何区别……"根据 1965 年 12 月 21 日联合国大会第 2106A（XX）号决议通过的《消除一切形式种族歧视公约》第 5（e）（v）条的规定，缔约国"承诺禁止并消除一切形式种族歧视，保证人人有……在法律上一律平等的权利，尤其是享受……教育与培训的权利"。为加强第 5（e）（v）条，第 7 条要求缔约国"立即采取有效措施尤其在讲授、教育、文化及新闻方面以打击导致种族歧视之偏见……"早前，1963 年 11 月 20 日联合国大会第 1904 号决议通过的不具有法律拘束力的《消除一切形式种族歧视宣言》第 3（1）条已敦促联合国会员国应特别努力"防止基于种族、肤色或人种的歧视，尤以在……教育、宗教、就业、职业及居住方面为然"。

联合国通过的很多不具有拘束力的文件也都提及受教育权及其对社会进步和发展的重要性。在 1969 年 12 月 11 日联合国大会第 2542（XXIV）号决议通过的《社会进步与发展宣言》中，第 10（e）条提到将消除文盲、保证免费初等义务教育的权利以及各层次免费教育的权利作为提升社会所有成员生活水平要达到的目标。同样，1979 年 7 月联合国粮农组织主办的世界土地改革及农村发展会议通过的《行动计划》第 7 条，建议各国政府将普遍扫盲及包括农村地区在内的所有儿童的免费初等教育放在最优先地位。更近一些时期，1986 年 12 月 4 日联合国大会第 41/128 号决议通过的《发展权宣言》第 8（1）条规定，"各国应在国家层面采取各种必要措施，以实现发展权，除此之外，并应确保人人……在接受教育时机会平等……"

各种有关宗教和信仰少数者的宣言中都包括受教育权。1981 年 9 月 19 日通过的《世界伊斯兰人权宣言》第 21 条规定，"人人有权根据其自然能力接受教育"。由联合国大会 1981 年 11 月 25 日第 36/55 号决议宣布的《消除基于宗教或信仰原因的一切形式的不容忍和歧视宣言》第 5 条，规定了在宗教和道德教育的情况下父母及其子女各自的权利。

很多寻求保护或承认特定群体权利（包括受教育权）的国际文件都采用宣言的形式。宣言是一类被通常称为"软法"的国际文件；相应的，"硬法"则指条约，具有法律上的而不仅仅是道德上的拘束力。具有典型意义的是，宣言申明了一系列被国际社会普遍接受的原则、目标或标准，用以影响国家政策。然而，在开始的时候，宣言并不包含具有法律拘束力的义务。宣言中具有操作性的条款可以最终演变成习惯法，正如《世界人权宣言》中的一些条款一样。或者，这些规定在后来被纳入一项具有法律拘束力的国际协议中。《儿童权利宣言》就是这种情况，宣言的一些条款后来体现在《儿童权利公约》中。

残疾人的受教育权在两项联合国宣言中得到承认（2006 年通过的《残疾人权利国际公约》是最新也是最权威的对残疾人受教育权予以承认的国际文件——译注）。1971 年 12 月 20 日联合国大会第 2856（XXVI）号决议宣布的《智力迟钝者权利宣言》原则 2 规定，"智力迟钝的人有权……受到可以发展其能力和最大潜能的教育、训练、康复及指导"。同样，1975 年 12 月 9 日联合国大会第 3447（XXX）号决议宣布的《残疾者权利宣言》原则 6，确认残疾人有权"接受教育、职业培训和康复……和其他服务，以最大限度地发展他们的能力和技能"。

受教育权在三项关于儿童和青年的联合国宣言中特别突出。1959 年 11 月 20 日联合国大会通过的《儿童权利宣言》[42]原则 5 规定，身心不正常的儿童，应根据其特殊情况的需要给予特别的治疗、教育和照料。原则 9——《儿童权利公约》第 32（1）条的前身，禁止雇佣儿童从事可能损害其健康或教育的任何工作。《儿童权利宣言》中有关受教育权的最具重要性的操作条款是原则 7。与《世界人权宣言》第 26（1）条和《经济、社会及文化权利国际公约》第 13（2）（a）条一致，原则 7 规定，"儿童有受教育的权利，其所受教育至少在初级阶段应是免费的和义务性的"。这样，原则 7 第一次在全球性的文件中提及儿童的受教育权。[43]"免费的和义务性的"意味着建立和维持公共教育系统，且在出现如父母疏忽等情况没能入学时，国家要确保其按时进入初等学校。尽管各层次的免费教育是一项应追求的目标，但很多国家当时都不能达到。因为基本的教育通常指成人教育，所以在《世界人权宣言》第 26（1）条出现的"基本"阶段的教育在原则 7 中被略掉了。

联合国大会于 1965 年 12 月 7 日第 2037（XX）号决议中宣布了《在青年中促进各国人民之间和平、互尊和了解的理想的宣言》。原则 2 呼吁，"所有教育手段……应在青年中培养和平、人道、自由、国际团结以及一切促成各民族亲善之其他理想……"1990 年 9 月 30 日，"世界儿童问题首脑会议"在纽约联合国总部举行，参会国家元首和政府首脑的重要议题是减少文盲及提高受教育机会平等的紧迫性。该峰会闭幕时，通过了《儿童生存、保护和发展世界宣言》。其原则 20（6）规定：

> 我们将努力制订方案，内容包括：减少文盲，并为所有儿童，无论其背景和性别，提供教育机会；通过职业培训使儿童为生产性就业和终身学习的机会做好准备；让儿童在一个支持性的、培育性的文化和社会环境中长大成人。

"世界儿童问题首脑会议"同时通过了一项不具有拘束力的《执行儿童生存、保护和发展世界宣言行动计划》。除其他内容外，该行动计划设立了两个目标，分别是使 80% 的学龄儿童完成初等教育以及使成人文盲率降至一半。④

受教育权同时在寻求处理妇女人权问题的文件中得到承认。1967 年 11 月 7 日联合国大会第 2263（XXII）号决议宣布的《消除对妇女歧视宣言》第 9 条规定，"应采取一切适当措施，确保女童及妇女（不论已婚或未婚），皆能于各级教育中享有与男子平等的权利"。第 9 条特别坚持各种教育机构的入学与学习条件平等，以及课程选择、师资的标准、校舍和设备的质量均应相同。同样，1979 年 12 月 18 日联合国大会第 34/180 号决议通过的《消除对妇女一切形式歧视公约》第 10 条也是规定受教育权。这条规定实质上确认了《消除对妇女歧视宣言》第 9 条，并增加了一些新的内容，如减少女生的退学率等。这样，仅仅作为倡导原则的《消除对妇女歧视宣言》第 9 条在《消除对妇女一切形式歧视公约》第 10 条中被转化为具有法律拘束力的义务。

地区人权文件对受教育权的承认

地区层面同样做了很多努力承认并保护受教育权，特别是在欧洲、非洲和拉丁美洲。以下将依次讨论每一个地区。

欧洲

尽管 1950 年《欧洲人权公约》[45]的原始条文没有包含受教育的条款，但欧洲委员会 1950 年 3 月 20 日通过的《欧洲人权公约第一议定书》[46]的第 2 条规定："没有人可被否认受教育的权利。"《欧洲人权公约第一议定书》是《世界人权宣言》颁布后第一个有关受教育权的具有国际法律效力的文件。第 2 条的独特之处在于它是唯一一个采用否定表述方式规定受教育权的地区或国际性的人权规定。其原因在于 1952 年所有欧洲委员会的成员国都已经具有一套普通教育制度，因此无须要求它们再建立这样一套制度的现实。[47]事实上，该条文也已经从最初的表述方式——"人人有受教育的权利"——改变为现在的表述，以避免一些成员国为履行积极义务感到负担过重。[48]尽管第 2 条一开始的焦点是在初等教育阶段，但其规定现已扩展到国家提供或批准的所有类型的教育。[49]"教育"一词虽然涵盖高等教育，但并未扩展到职业培训领域。[50]

欧洲人权委员会与欧洲人权法院（European Court of Human Rights）经常被要求解释包含在《欧洲人权公约第一议定书》第 2 条中的受教育权的含义和内容。根据欧洲人权法院在"比利时语言案"[51]中的意见，第 2 条所保护的权利包括进入现有教育机构的权利、接受有效教育的权利以及学生成功完成学习得到官方承认的权利。法院在该案中也认为，《欧洲人权公约第一议定书》第 2 条并不要求缔约国自费建立或补贴任何特定类型及层次的教育。因此，拒绝向私立学校的学生提供补贴不违反第 2 条。[52]故而，不像其他大多数国际或地区性受教育权条款那样要求国家履行积极义务，第 2 条只是向缔约国施以不干涉该项权利的消极义务。

欧洲委员会成员国于 1961 年 10 月 18 日在都灵签署的《欧洲社会宪章》没有明确提及受教育权。《欧洲社会宪章》转而集中于职业指导与培训的权利，该权利可被认为是受教育权中的一个小的却也是重要的方面。根据第 9

条，缔约国须向在校儿童、青年人及成人提供免费的职业指导服务。第 10 条要求缔约国提供学徒和技术与职业培训制度，以及"为单纯基于个人能力而进入高等技术教育和大学教育提供便利"。根据第 7（3）条——一个让人联想起《儿童权利公约》第 32（1）条的条款，缔约国须"规定那些仍在接受义务教育的人们将不被雇佣来从事那些有碍他们受到全面教育的工作"。

欧洲法院（European Court of Justice）最近通过运用 1957 年 3 月 25 日建立欧洲经济共同体之《罗马条约》[53]第 7 条和第 128 条相结合的效果，将共同体法扩展到教育领域。《罗马条约》第 7 条禁止基于国籍的歧视，而第 128 条规定"（共同体）理事会应……确立执行职业培训共同政策的一般原则，以有助于各国经济和共同市场的协调发展"。那些一般原则可以在理事会第 63/266 号决定中找到。[54]通过将第 7 条和第 128 条相结合，可在共同体法中找出接受职业培训方面的一般性非歧视权利。[55]这样，在职业培训领域，共同体法将有潜力直接影响国家教育政策的执行。[56]例如，欧洲法院已就比利时教育财政案[57]做出裁决。1992 年 2 月 7 日签署的《欧洲联盟条约》（也被称为《马斯特里赫特条约》），可能导致在教育领域更加尊重成员国的自由裁量权。[58]《马斯特里赫特条约》主要的创新之处包括发展优质教育、语言教学、职业培训政策以及学生和教师的更大流动性。《马斯特里赫特条约》同时承认要尊重成员国在教学内容和教育系统组织方面的责任以及它们的文化和语言多样性，相应的，也不要求各成员国在这些领域的法律和规章协调一致。

与《欧洲人权公约第一议定书》第 2 条相比，受教育权在欧洲议会 20 世纪 80 年代通过的一些不具有拘束力的决议和宣言中有更积极的规定。在 1984 年 3 月 14 日的《欧洲共同体的教育自由决议》中，欧洲议会呼吁在欧共体内承认以下原则："儿童和年轻人都有受教育和辅导的权利，不得基于性别、种族、哲学或宗教信仰、国籍、社会阶级或经济地位而有任何歧视。"同样，1989 年 4 月 12 日欧洲议会通过的《基本权利和自由宣言》宣布，"人人有权接受与其能力相适应的教育和职业培训"。

非洲

1963 年 5 月 25 日在埃塞俄比亚亚的斯亚贝巴举行的非洲国家元首和政府首脑会议通过了《非洲统一组织宪章》（也被称为《亚的斯亚贝巴宪

章》)。《非洲统一组织宪章》第1（1）条建立了"非洲统一组织"，而第2（2）（c）条与体现在1992年《马斯特里赫特条约》中的近期欧洲经验相反，强调为有助于实现非洲统一组织的宗旨，成员国需要协调与调和教育及文化合作领域的一般政策。后一条款被1991年6月3日非洲统一组织通过的《建立非洲经济共同体的条约》所确认，该条约第68（1）条规定，"成员国须加强相互间在教育和培训领域的合作，协调与调和政策"。

然而，直到1981年，非洲统一组织才在一项人权文件中明确承认受教育权。1981年6月27日非洲统一组织在肯尼亚内罗毕通过的《非洲人权和民族权宪章》[59]第17（1）条简单地规定，"人人有受教育的权利"。非洲人权文件中对受教育权最全面的规定是在非洲统一组织1990年7月11日通过的《非洲儿童权利与福利宪章》[60]中。该宪章向批准它的非洲成员国施加具有法律拘束力的义务，并设立了儿童权利和福利委员会，以监督宪章的执行。《非洲儿童权利与福利宪章》第11（1）条规定，"每个儿童都有受教育的权利"。第11（3）（a）条、第11（3）（b）条和第11（3）（c）条实质上重复了《儿童权利公约》第28（1）（a）条、第28（1）（b）条和第28（1）（c）条的规定，呼吁提供免费和义务性的基础教育、以各种形式发展普遍的中等教育以及以能力为标准普遍性地接受高等教育。然而，《非洲儿童权利与福利宪章》并未提及职业指导和培训的权利，这与《儿童权利公约》不同。

受教育权还在许多阿拉伯国家联盟和伊斯兰会议组织通过的不具拘束力的宣言中被提到。1981年9月19日在巴黎通过的《伊斯兰人权世界宣言》第XXI条规定："每个人都有权根据他/她的自然能力接受教育。"1990年8月5日伊斯兰会议组织通过的《伊斯兰人权开罗宣言》第9（b）条部分地提到："每个人都有权从各种教育及指导机构中获得宗教的和世俗的教育，包括家庭、学校、大学、媒体……"阿拉伯国家联盟已经在《阿拉伯儿童权利宪章》第B3条"确认并保证""儿童在学前教育、基础及义务教育阶段获得免费教育的权利"。

拉丁美洲

受教育权在拉丁美洲地区人权体系中的规定是最为系统的。最突出体现受教育权的是经 1967 年《布宜诺斯艾利斯议定书》修订的 1948 年《美洲国家组织宪章》。[61]为加速各成员国经济和社会发展，《美洲国家组织宪章》第 31（h）条将"迅速消除文盲及扩大所有人的受教育机会"界定为"基本"目标。第 48 条加强了第 31（h）条，规定："成员国将对消除文盲……给予特别关注。"然而，《美洲国家组织宪章》中对受教育权最重要的指示是在第 47 条中，该条规定：

成员国将根据各自宪法程序，尽最大努力，确保在以下基础上有效行使受教育的权利：

（a）提供给学龄儿童的义务性的初等教育，也应向所有其他可从中获益的人提供。如果国家提供这种教育，其应是免费的。

（b）中等教育应逐渐覆盖尽可能多的人。

（c）高等教育应面向所有人，但为维持高水平的目的，应满足相应的规定和学术标准。

《美洲国家组织宪章》第 47（a）条在实质上重复了 1948 年《世界人权宣言》第 26（1）条中关于初级教育属义务且免费教育的规定。《美洲国家组织宪章》第 14 章规定的是美洲国家间教育、科学及文化理事会，根据第 99 条，该理事会的目的是"通过成员国间教育、科学及文化的合作与交流……促进美洲人民之间的友好关系和相互理解"。为实现此目的，第 100（c）条要求该理事会支持成员国提高及扩展各层次的教育。

在通过《美洲国家组织宪章》的同一届会议（第 9 届美洲国家国际会议）上，《美洲人的权利和义务宣言》于 1948 年 5 月 2 日得以公布。[62]与《世界人权宣言》在设计和目的方面相似的《美洲人的权利和义务宣言》，出现在 1948 年 4—5 月在哥伦比亚波哥大举行的会议的最后文件中。《美洲人的权利和义务宣言》第 12 条进一步发展了《美洲国家组织宪章》的教育条款。第 12 条承认"人人享有……受教育的权利……（其）包括在任何情况下机会均等的权利"。第 12 条也保证人人有免费接受初等教育的权利，尽管并未提及初等教育的义务性质问题。[63]

就拉丁美洲有关公约对受教育权的承认而言，美洲国家组织于 1962 年 6 月 22 日通过的《中美洲教育基本规范统一公约》^㉔（以下称为《中美洲公约》）第 1 条宣布："中美洲所有人都有享受教育利益的权利。"《中美洲公约》是在 1962 年 3 月于智利圣地亚哥举行的拉美国家教育、经济和社会发展大会之后通过的。《美洲人权公约》^㉕（又称《圣约瑟协议》）是美洲国家组织在哥斯达黎加圣约瑟城举行的美洲国家间专门人权会议于 1969 年 11 月 22 日闭幕时通过的。《美洲人权公约》并未尝试规定经济、社会与文化权利，也就没有提及受教育权。^㉖然而，第 26 条却要求缔约国"采取措施……逐步取得《美洲国家组织宪章》所载的……经济、社会、教育、科学和文化标准方面所包含的各种权利的完全实现"。

美洲国家组织后来于 1988 年 11 月 14 日在萨尔瓦多的圣萨尔瓦多通过的《美洲人权公约在经济、社会及文化权利领域的补充议定书》^㉗（又称《圣萨尔瓦多议定书》）包含了明确承认受教育权的条款。其第 13 条与《经济、社会及文化权利国际公约》第 13 条非常近似，第 13（1）条承认"人人有受教育的权利"，第 13（3）（a）条也与国际文件一致，保证儿童享有免费的义务性的初等教育。第 13（3）（b）条和第 13（3）（c）条分别规定了中等教育和高等教育，它们基本反映了《经济、社会及文化权利国际公约》第 13（2）（b）条和第 13（2）（c）条的内容。根据《圣萨尔瓦多议定书》第 19 条，美洲国家间教育、科学和文化理事会（根据《美洲国家组织宪章》第 14 章创建）负责核查缔约国就执行受教育权而提交的所采取措施的定期报告。

习惯法对受教育权的承认

考虑到国际和地区人权条约对受教育权的广泛承认，思考该权利是否已成为习惯国际法中有拘束力的规则是恰当的。

习惯国际法来自普遍接受的惯例，而该惯例是国家出于法律义务而确信和遵守的。^㉘《国际法院规约》第 38（1）（b）条要求法院在解决提交的争议时适用"国际习惯，作为法律接受的普遍惯例"。国际法中的习惯规定存在两个关键因素，一是国家普遍遵从的一致惯例，二是他们确信该惯例是国际法所要求的（所谓的"法律确信"要求）。不像条约或公约，习惯法规则甚至拘束那些从未正式承认它的国家。[69]国内法院和国际法庭借助于国际条约和宣言以及国家宪法和法律来确定一项习惯是否已发展成一项习惯法规则。例如，国际法院在"西撒哈拉"咨询意见中，直接借助联合国文件确定存在一项国际习惯法规则。[70]

将受教育权的一些方面，包括免费公共初等教育以及教育机会均等的权利归入习惯国际法是很有说服力的。[71]被广泛批准和通过的国际和地区人权公约及宣言，加上各国关于受教育权的国内法，都支持这项结论。可以从本章前文回忆一下，以下具有普适性的条款对受教育权内容的规定最为全面：

《世界人权宣言》第 26 条

《取缔教育歧视公约》第 1 条、第 3 条和第 4 条

《经济、社会及文化权利国际公约》第 13 条

《儿童权利公约》第 28 条

在 1948 年通过《世界人权宣言》的联合国会员国明白，该文件包含的不具有拘束力的启发性原则是用于指导各国制定国内法律和政策的。[72]它们将其视为制定一项以多边公约为形式的综合性的且具有法律拘束力的权利法案的初步阶段。将近 50 年以来，《世界人权宣言》代表了具有拘束力的国际习惯法规则，已成为一项具有说服力的主张。《世界人权宣言》的起草历史表明，各国对受教育权的讨论具有很高的一致性。[73]1948 年后加入联合国的国家一直遵守《世界人权宣言》的规定，很多国家将其原则纳入宪法，这促使法庭和著名学者都认为其代表了习惯法规则。[74]

截至 1995 年，84 个国家已成为《取缔教育歧视公约》的缔约国[75]，131 个国家也批准或加入了《经济、社会及文化权利国际公约》。[76]截至 1996 年，《儿童权利公约》已有 185 个国家批准或加入。[77]几乎所有国家在仅仅 6 年的时间里快速接受《儿童权利公约》，有力地证明各国对受教育权的普遍接受。[78]《欧洲人权公约》（其第一议定书第 2 条）、《非洲人权和民族权宪章》（第 17（1）条）、《美洲人权公约在经济、社会及文化权利领域的补充议定书》（第 13 条）等在地区层面上对受教育权的承认进一步加强了受教育权的

习惯法特征。反映各国实践的宪法性法律同样提供了强有力的证据，表明受教育权已发展成为习惯法规则。受教育权在约52个国家的宪法中得到承认，更多国家在其普通法律中对受教育权予以承认。[79]

我们可以很确信地认为，目前至少有两项教育原则——接受免费公共初等教育的权利以及教育机会均等的权利已获得习惯法规则的地位。以下文件规定了免费公共初等教育的权利：

《世界人权宣言》第26（1）条

《取缔教育歧视公约》第4（a）条

《经济、社会及文化权利国际公约》第13（2）条

《儿童权利公约》第28（1）（a）条

《美洲国家组织宪章》第47（a）条

《美洲人权公约在经济、社会及文化权利领域的补充议定书》第13（3）（a）条

考虑到这些国际和地区文件用语的广泛一致性，习惯国际法现在似已要求所有儿童都应享有免费的初等教育。[80]

教育机会均等的权利或获取及享受教育项目而不得有任何歧视的权利也成为国际和地区文件中的一项显著内容。例如，《儿童权利公约》第28（1）条规定，"缔约国确认儿童……在机会均等的基础上有受教育的权利……"《取缔教育歧视公约》确认了《世界人权宣言》在教育领域不歧视原则的承诺。以下国际和地区文件同样试图通过全面的不歧视的一般性权利条款和具体的受教育权条款保证教育机会均等：

《世界人权宣言》第2条和第26条

《经济、社会及文化权利国际公约》第2（2）条和第13条

《非洲人权和民族权宪章》第2条和第17条

《欧洲人权公约》第14条（加上其第一议定书第2条）

《美洲人权公约在经济、社会及文化权利领域的补充议定书》第3条和

第 13 条

除了上述国际文件外，很多国家的国内法也特别提及行使受教育权的机会均等。[33]

注 释：

① René Maheu（联合国教科文组织前总干事）as quoted in M. EI Fasi "The Right to Education and Culture" (1968) 9 *Journal of the International Commission of Jurists* 33, 38.

② L. Sohn "The Human Rights Law of the Charter" (1977) 12 *Texas International Law Journal* 129, 131.

③ K. Halvorsen "Notes on the Realization of the Human Right to Education" (1990) 12 *Human Rights Quarterly* 341, 350.

④ P. Arajärvi "Article 26" in A. Eide (ed.) *The Universal Declaration of Human Rights*: *A Commentary* (1992) 405, 408 – 9.

⑤ F. Volio "The Child's Right to Education: A Survey" in G. Mialaret *The Child's Right to Education* (1979) 19, 25.

⑥ Id. 23.

⑦ D. Ray and N. Tarrow *Human Rights and Education* (1987) 10.

⑧ M. EI Fasi "The Right to Education and Culture" (1968) 9 *Journal of the International Commission of Jurists* 33, 34.

⑨ M. Yudof "Article 13 and 14-Right to Education" in H. Hannum and D. Fischer (eds) U. S. *Ratification of the International Covenants on Human Rights* (1993) 235, 242.

⑩ G. Van Bueren *The International Law on the Rights of the Child* (1995) 235.

⑪ U. N. *Annotations* 112, para. 36.

⑫ M. Nowak "The Right to Education" in A. Eide (ed.) *Economic, Social and Cultural Rights* (1995) 189, 204.

⑬ Id. 205.

⑭ P. Thornberry "International Standards" in *Education Rights and Minorities* (1994) (Minority Rights Group Report) 10, 11.

⑮ 1990 年第 3 号一般性评论第 2 条：缔约国义务的性质，reproduced in *Manual on Hu-*

man Rights Reporting, HR/PUB/91/1, UN Sales No. E. 91. XIV. 1, 43 – 7.

⑯ U. N. Doc. E/CN. 4/1987/17, Annex.

⑰ 参见联合国教科文组织1974年《关于促进国际了解、合作与和平的教育以及关于人权与基本自由的教育的建议》第24条。

⑱ Commission on Human Rights Technical Review of the Text of the Draft Convention on the Rights of the Child E/CN. 4/1989/WG. 1/CRP. 1. (15 October 1988) p. 33.

⑲ Commission on Human Rights Report of the Working Group on a Draft Convention on the Rights of the Child E/CN. 4/1989/48 (2 March 1989) p. 80, para. 459. 委内瑞拉提出的一项建议同样要求提及"对学前儿童的整体关照"。参见 id. p. 79, para. 458.

⑳ G. Van Bueren "Education: Whose Right is it Anyway?" in L. Heffernan (ed.) Human Rights: A European Perspective (1994) 340, 341.

㉑ Commission on Human Rights Report of the Working Group on a Draft Convention on the Rights of the Child E/CN. 4/1985/64 (3 April 1985) p. 11, para. 58; Commission on Human Rights Report of the Working Group on a Draft Convention on the Rights of the Child E/CN. 4/1986/39 (13 March 1986) Annex IV, p. 3 (Paper submitted by the Permanent Representative of Bangladesh).

㉒ 在这方面同样弱于《取缔教育歧视公约》第4 (a) 条所施加的义务。参见前注《技术评论》第33页联合国教科文组织关于这方面的重要评论。同样参见人权委员会《儿童权利公约草案工作组报告》［E/CN. 4/1989/48 (1989年3月)］第82页第463段（联合国教科文组织建议删除"鼓励……发展"一词，以不弱化现存标准）。

㉓ Commission on Human Rights Report of the Working Group on a Draft Convention on the Rights of the Child E/CN. 4/1985/64 (3 April 1985) p. 13, para. 74; Commission on Human Rights Report of the Working Group on a Draft Convention on the Rights of the Child E/CN. 4/1989/48 (2 March 1989) p. 82, para. 464.

㉔ Commission on Human Rights Technical Review of the Text of the Draft Convention on the Rights of the Child: Additional Comments and Clarifications by the Secretariat E/CN. 4/1989/WG. 1/CRP. 1/Add. 1 (14 November 1988) p. 9, para. 35; Commission on Human Rights Report of the Working Group on a Draft Convention on the Rights of the Child E/CN. 4/1989/48 (2 March 1989) pp. 79 – 80, para. 459.

㉕ Commission on Human Rights Report of the Working Group on a Draft Convention on the Rights of the Child E/CN. 4/1989/48 (2 March 1989) p. 82, paras. 465 – 6（特别是参见英国、荷兰及芬兰代表的评论）。

㉖ Commission on Human Rights *Report of the Working Group on a Draft Convention on the Rights of the Child* E/CN. 4/1989/48 (2 March 1989) p. 82, para. 467.

㉗ UNICEF *The World Summit for Children* (1990) 32.

㉘ 429 U. N. T. S. 93 (1962 年 5 月 22 日生效)。到 1995 年，84 个国家已成为公约缔约国。"International Instruments Relating to Human Rights" (1995) 16 *Human Rights Law Journal* 75, 88.

㉙ United Nations publication, Sales No. E. 57. XIV. 3.

㉚ H. Cullen "Education Rights or Minority Rights?" (1993) 7 *International Journal of Law and the Family* 143, 148.

㉛ United Nations *United Nations Action in the Field of Human Rights* (1988) p. 167, para. 32.

㉜ 比如，日本先前的政策是拒绝给予希望进入大学学习的朝鲜少数族裔以经济资助：Y. Iwasawa "Legal Treatment of Koreans in Japan: The Impact of International Human Rights Law on Japanese Law" (1986) 8 *Human Rights Quarterly* 131, 175.

㉝ Nowak, op. cit., 202.

㉞ 作者加以着重。

㉟ 公约第 2（a）条规定，如果满足特定条件，男女学生分校不应被视为公约规定的歧视。

㊱ G. Van Bueren *The International Law on the Rights of the Child* (1995) 246.

㊲ 1968 年 10 月 24 日生效。

㊳ United Nations *United Nations Action in the Field of Human Rights* (1988) p. 80, para. 45.

㊴ United Nations *United Nations Action in the Field of Human Rights* (1980) p. 199.

㊵ 第 5（2）条。

㊶ United Nations *United Nations Action in the Field of Human Rights* (1988) p. 80, para. 46.

㊷ General Assembly Resolution 1386, U. N. GAOR, 14th Sess., Supp. No. 16, at 19, U. N. Doc. A/4354 (1959).

㊸ 回顾《世界人权宣言》第 26（1）条的规定，"人人都有受教育的权利"。

㊹ 参见该行动计划的原则 20。

㊺ 欧洲委员会于 1950 年 11 月 4 日在意大利罗马签署，1953 年 9 月 3 日生效。

㊻ 1954 年 5 月 18 日生效。

㊼ G. Van Bueren "Education: Whose Right is it Anyway?" in L. Heffernan (ed.) *Human Rights: A European Perspective* (1994) 339, 341.

㊽ A. Roberston "The European Convention on Human Rights: Recent Development" (1951) 28 *British Yearbook of International Law* 359, 362.

㊾ *X v. UK No* 5962/72, 2 DR 50 (1975).

㊿ *X v. UK No* 8844/80, 2 DR 228 (1980).

(51) 比利时语言案（第1号），Judgment of 9 February 1967, Series A, No. 5, (1979-80) 1 EHRR 241；比利时语言案（第2号），Judgment of 23 July 1968, Series A, No. 6; (1979-80) 1 EHRR 252.

(52) App. 10476/83, *W and KL v. Sweden*, 11 December 1985, (1986) 45 DR 143.

(53) 298 U. N. T. S. 11.

(54) OJ Eng. Spec. Ed. 1963/4 p. 25.

(55) 参见 M. Gould "Children's Education and the European Court of Justice" in D. Freestone (ed.) *Children and the Law* (1990) 172 所述及讨论的案例。

(56) Case 293/83, *Gravier v. City of Liège* [1985] ECR 593.

(57) Case 42/87, *Commission v. Belgium* [1989] 1 CMLR 457.

(58) (1992) 31 I. L. M. 247.

(59) June 27, 1981, O. A. U. Doc. CAB/LEG/67/3 Rev. 5, reprinted in (1982) 21 *International Legal Materials* 58.

(60) July 11, 1960, O. A. U. Doc. CAB/LEG/24. 9/49.

(61)《美洲国家组织宪章》于1948年4月30日在哥伦比亚波哥大签署，No. 1609, (1952) 119 U. N. T. S. 3，由1967年2月27日签署并于1970年2月27日生效的《美洲国家组织宪章修订议定书》（《布宜诺斯艾利斯议定书》）所修订，No. 1609, (1970) 721 U. N. T. S. 324.

(62) O. A. S. Off. Rec., O. E. A. /Ser., L/V/Ⅱ, 23, Doc. 21, Rev. 2 (English 1975).

(63)《美洲人权宣言》第31条包含以下非常明确的规定："人人都有权利获得最基本的初等教育。"

(64) 770 U. N. T. S. 219（1963年10月31日生效）.

(65) O. A. S. Off. Rec., O. E. A. /Ser. K/XVI/1. 1, Document 65, Rev. 1, Corr. 2 of 7 January 1970; (1970) 9 *International Legal Materials* 673.

(66) 然而，《美洲人权公约》第12（4）条确实提及父母控制其子女宗教和道德教育的权利。

⑥⑦ (1989) 28 *International Legal Materials* 156.

⑥⑧ *Restatement (Third) of Foreign Relations Law of the United States* 702 cmt. a (1987).

⑥⑨《维也纳条约法公约》第 38 条。

⑦⓪ (1975) I. C. J. Rep. 12 （非自治领土的自决权已成为习惯法规则）.

⑦① 参见 C. de la Vega "The Right to Equal Education: Merely a Guiding Principle or Customary International Legal Right?" (1994) 11 *Harvard Black Letter Law Journal* 37; C. Christopher "Plyler v. Doe and the Right of Undocumented Alien Children to a Free Public Education" (1984) 2 *Boston University International Law Journal* 513; S. Knight "Proposition 187 and International Human Rights Law: Illegal Discrimination in the Right to Education" (1995) 19 *Hastings International and Comparative Law Review* 183.

⑦② H. Lauterpacht *International Law and Human Rights* (1950) 397.

⑦③ K. Halvorsen "Notes on the Realization of the Human Right to Education" (1990) 12 *Human Rights Quarterly* 341, 350.

⑦④ Filartiga v. Peña-Irala, 630 F. 2d 876, 883 (2d Cir. 1980); L. Sohn "The New International Law: Protection of the rights of Individuals father than States" (1982) 32 *Am. U. Law Review* 1, 17. （"宣言作为对人权的权威性列举，已成为国际习惯法的基本组成部分，对所有国家都有拘束力，而不仅仅拘束联合国会员国。"）

⑦⑤ "International Instruments Relating to Human Rights" (1995) 16 *Human Rights Law Journal* 75, 88.

⑦⑥ United Nations *Multilateral Treaties Deposited with the Secretary-General: Status as of* 31 *December 1994* (1994) 107.

⑦⑦ (1996) 17 *Human Rights Law Journal* 72.

⑦⑧ S. Knight, op. cit., 183, 190.

⑦⑨ C. de la Vega, op. cit., 48. 同时参见该书第 2 章。

⑧⓪ S. Knight, op. cit., 197.

⑧① C. de la Vega, op. cit., 48, citing G. Kurian (ed.) *World Education Encyclopedia* (1988). 同时参见该书第 2 章。

5. 受教育权的分类和目标

我们宣布我们对《世界人权宣言》所阐述的原则每个人都有受教育的权利怀有坚定的信念；教育应当引导人的个性的全面发展并加强对人权和基本自由的尊重。它应能促进国家、种族或宗教团体之间的理解、容忍和友谊，并加强联合国维持和平的行动。[①]

受教育权的分类

今日人们普遍将人权划分为三代：第一代人权是公民与政治权利，第二代人权是经济、社会、文化权利，第三代人权是群体或人民权利。

第一代人权在历史上先于第二和第三代人权出现。在一些 18 世纪的文件，如 1776 年的《弗吉尼亚权利宣言》、1776 年的《美国独立宣言》以及 1789 年法国国民大会通过的《人权宣言》中出现的权利，本质上都关乎人的行动领域的自由，即免受国家的干预。在自由放任主义的全盛时期，个人自治与自由受到重视；国家被视为自由意志的服务者，是对人民自主与自由的潜在威胁。政府命令相应地被限定在防卫、外交、刑事与民事的司法行政方面。在 18 世纪人权文件中提到的主要的公民权利包括：不受非法拘禁的自由，言论与宗教信仰自由，以及表达自由。这些经典的公民自由权现今已被《公民与政治权利国际公约》所确认，除此之外，公约第 21 条和第 22 条还分别规定了和平集会的权利以及结社自由权。

第一代人权以限制政府行动及其对人民事务的干涉为追求，但第二代人权与此不同，第二代人权要求政府积极作为赋予符合条件的个体以福利。经济和社会权利与 19 世纪社会主义的兴起有密切联系，社会主义将国家视为福利机关，其主要目的在于通过国家干预和规制为全社会人民谋求经济与社会福利。自由放任的国家理论逐渐被国家是"仁慈的提供者"的概念所取代。20 世纪的权利追求转向要求国家提供基本的福利服务。确认第二代人权的主要法律文件是联合国《经济、社会及文化权利国际公约》，它确认了劳动权（第 6 条），确认了社会安全的权利（第 9 条），确认了充足食物、衣物和住所的权利（第 11 条），确认了生理和精神健康的权利（第 12 条），确认了受教育的权利（第 13 条）。这些权利的实现，根据各自的特性，要求有获益标准、资源分配和政治控制机制。②第三代人权的出现与 20 世纪 60 年代联合国大会中的不结盟集团成员国的投票权不断巩固密切相关，《公民与政治权利国际公约》和《经济、社会及文化权利国际公约》的第 1 条都提及所有人民有自决权，《非洲人权宪章》也是确认第三代人权的典型例证。

将一种权利在三代人权之中进行定位，对于确定权利持有者的法律诉求和国家的相应义务是有用的。③受教育权在各种国际及地区性的人权文件中的定位方式倾向于表明其带有第一代人权与第二代人权的特征。因此，受教育权成了很好地区分自由权（限制他人包括国家的干预）与福利权（要求国家提供特定物品或服务）的例子。

受教育权在下列人权文件中主要是第二代人权：《儿童权利公约》第 28（1）条；《经济、社会及文化权利国际公约》第 13（1）（2）条；《美洲人权公约在经济、社会及文化权利领域的补充议定书》第 13（1）（3）条；《取缔教育歧视公约》第 4（a）条。作为第二代人权，受教育权建立在社会主义哲学的基础上，即人权只能通过积极的国家行为才能被完全保障。由此，受教育权要求国家在现有的资源条件下发展和维持一套学校系统。④例如，《世界伊斯兰人权宣言》第 XVIII 条规定，"每个人都有权利……接受与其所处社会的资源相一致的教育"。相似的，《美洲人的权利和义务宣言》第 XII 条在受教育权及其实现的部分也提到"国家或社会处于提供资源的地位"。⑤

从受教育权在人权文件中的规定来看，它也可以被视为第一代人权，在一定程度上要求国家尊重父母的权利，以确保教育教学与他们自己的宗教和道德信仰相一致。保护父母权利免受政府不当干预的规定可在下列文件的相关条款中找到：《公民与政治权利国际公约》第 18（4）条；《经济、社会及文化权利国际公约》第 13（3）条；《欧洲人权公约第一议定书》第 2 条；《美洲人权公约在经济、社会及文化权利领域的补充议定书》第 13（4）条；《非洲人权公约》第 12（4）条。

教育目的

关于教育的目的及目标的争论在现代人权文件颁布之前很久就存在了。尽管卢梭在《爱弥尔》中指出解放儿童是教育的主要目的，但其他一些哲学家和政治家则更倾向于从责任的角度来阐明教育目的。贺拉斯·曼曾经说："上帝的旨意……赋予每一个来到世上的儿童受到一定程度教育的权利，以使他尽可能地预先安排自己，履行所有的民主、社会、公民和道德责任。"[6]1920 年 11 月 9 日[7]签署的《巴黎专约》第 108 条规定："公民责任的教育应成为学校课程的组成部分。"

现代的国际及地区性的人权文件不仅确认受教育权，而且阐明该权利的行使应努力实现的基本目的或目标，这些内容也就成为各国教育系统追求的普遍目标。这些目标经常建立在宗教、道德价值或政治需要的基础上。[8]国际法上目前对教育目的最详细最全面的表述是在《儿童权利公约》第 29（1）条之中。受教育权的行使不只朝向获取信息和知识方面，而且有多样的目标以确保个人及其生活的整个社会的利益。因而评论家说："受教育权尽管是一项个人权利，但具有使人民得到全面发展成为其所在社会的完整公民的社会功能。"[9]因此，教育不只是一个通过教学传播知识的问题，还是一个帮助个人最大限度发挥其才能的问题。[10]

尽管国际法详细描述了众多不同的教育目标，但它依然未能指出哪个目标更为重要。因此，必须假定公约已确认的所有的教育目标均具有同等的价值，而不是开放给各缔约国选择性地实施其签署的公约中所规定的某些目标。[11]有些评论者认为这种对受教育权目的的规定有点武断或家长作风。[12]因为在他们看来，如何发展儿童的潜能实质上是多种价值的实践。比如，1962 年《中美洲教育基本规范统一公约》规定，中美洲的教育目的之一是帮助公民践行民主，这个民主是作为一个政治系统和一种生活方式存在的。相似的，1988 年《美洲人权公约在经济、社会及文化权利领域的补充议定书》也部分地谈道："教育应当使每一个人能有效参与民主与多元社会。"

尽管教育目的倾向于根据历史、政治、文化、宗教或国情[13]状况的不同而不同，但下列四个基本目标是国际及地区性[14]的人权文件经常且连续地提

到的:

（a）充分发展每个人的个性、天赋和能力[15]

有拘束力的文件包括:

《世界人权宣言》第26（2）条

《取缔教育歧视公约》第5（1）（a）条

《经济、社会及文化权利国际公约》第13（1）条

《中美洲教育基本规范统一公约》第2条和第12（2）（4）条

《美洲人权公约在经济、社会及文化权利领域的补充议定书》第13（2）条

《儿童权利公约》第29（1）（a）条

《非洲儿童权利与福利宪章》第11（2）（a）条

无拘束力的文件包括:

《儿童权利宣言》原则7

联合国1965年《关于促进青年人和平、互敬和人民之间理解之理想宣言》原则Ⅵ

联合国教科文组织1966年《关于教师地位的建议》原则1

联合国粮农组织1979年《世界土地改革及农村发展会议行动计划与原则宣言》第Ⅶ部分

欧洲议会1984年3月14日《欧洲共同体的教育自由决议》原则5

1990年世界教育会议通过的《世界全民教育宣言》序言

1990年《伊斯兰人权开罗宣言》第9（b）条

（b）增强对人类及基本自由的尊重

有拘束力的文件包括:

《联合国宪章》第55（c）条

《世界人权宣言》第26（2）条

《取缔教育歧视公约》第5（1）（a）条

1965 年《消除一切形式种族歧视国际公约》第 7 条（各国负有义务采取立即和有效的措施，尤其在教学、教育、文化和信息领域，消除那些会导致种族歧视的偏见）

《经济、社会及文化权利国际公约》第 13（1）条

《美洲人权公约在经济、社会及文化权利领域的补充议定书》第 13（2）条

《儿童权利公约》第 29（1）（b）条（还包括促进对《联合国宪章》所宣示原则的尊重）

《非洲儿童权利与福利宪章》第 11（2）（b）条

无拘束力的文件包括：

联合国《关于促进青年人和平、互敬和人民之间理解之理想宣言》原则 III 和 VI

联合国教科文组织《关于教师地位的建议》原则 1

联合国教科文组织 1974 年《关于促进国际了解、合作与和平的教育以及关于人权与基本自由的教育的建议》原则 7、11、18（c）

欧洲议会 1984 年 3 月 14 日《欧洲共同体的教育自由决议》原则 5

《伊斯兰人权开罗宣言》第 9（b）条

（c）使所有人有效且负责任地参与自由社会[16]

有拘束力的文件包括：

《中美洲教育基本规范统一公约》第 12（1）条

《经济、社会及文化权利国际公约》第 13（1）条

《儿童权利公约》第 29（1）（d）条

《美洲人权公约在经济、社会及文化权利领域的补充议定书》第 13（2）条

《非洲儿童权利与福利宪章》第 11（2）（d）条

无拘束力的文件包括：

《美洲人的权利和义务宣言》第Ⅻ条

《儿童权利宣言》原则 7

（d）促进所有国家、种族、民族或宗教组织间的理解、宽容和友谊，增强联合国维持和平的活动⑰

有拘束力的文件包括：

《世界人权宣言》第 26（2）条

《取缔教育歧视公约》第 5（1）（a）条

《消除一切形式种族歧视国际公约》原则 7

《经济、社会及文化权利国际公约》第 13（1）条

《美洲人权公约在经济、社会及文化权利领域的补充议定书》第 13（2）条

《儿童权利公约》第 29（1）（d）条（增加了"性别平等"及所有民族与当地土著人之间友好相处的内容）

无拘束力的文件包括：

《美洲人的权利和义务宣言》第Ⅻ条

《儿童权利宣言》原则 10

联合国《关于促进青年人和平、互敬和人民之间理解之理想宣言》序言部分倒数第 2 段和原则Ⅵ

联合国教科文组织 1974 年《关于促进国际了解、合作与和平的教育以及关于人权与基本自由的教育的建议》原则 4（b）、6、7、17、18（b）

联合国 1981 年《消除基于宗教或信仰原因的一切形式的不容忍和歧视宣言》第 5（3）条

《世界全民教育宣言》序言

除了以上四个基本的教育目的外，其他一些法律文件提到的，但相对出现较少的教育目的还包括：

——文化遗产的代际传递：《儿童权利宣言》原则 7；《中美洲教育基本

规范统一公约》第 12（7）条；1974 年《关于促进国际了解、合作与和平的教育以及关于人权与基本自由的教育的建议》原则 4（b）和 18（f）；《世界全民教育宣言》序言；《非洲儿童权利与福利宪章》第 11（2）（c）条。

——**国家意识的发展**：《中美洲教育基本规范统一公约》第 4 条；《儿童权利公约》第 29（1）（c）条；

——**促进经济与社会的发展**：《美洲人的权利和义务宣言》第 XII 条；《中美洲教育基本规范统一公约》第 2 条、第 8 条、第 12（1）条；1974 年《关于促进国际了解、合作与和平的教育以及关于人权与基本自由的教育的建议》原则 18（d）；联合国粮农组织《世界土地改革及农村发展会议行动计划与原则宣言》第 VII 部分；《世界全民教育宣言》序言。

——**道德感与社会责任感的发展**：1924 年《日内瓦宣言》原则 V；《儿童权利宣言》原则 7 和 10；《关于促进青年人和平、互敬和人民之间相互理解之理想宣言》序言部分倒数第 2 段和原则 VI；1974 年《关于促进国际了解、合作与和平的教育以及关于人权与基本自由的教育的建议》原则 4（e）、5、18（d）；《消除基于宗教或信仰原因的一切形式的不容忍和歧视宣言》第 5（3）条；《伊斯兰人权开罗宣言》第 7（b）条和第 9（b）条；1981 年《非洲人权和民族权宪章》第 17（3）条（"委员会所确认的道德和传统价值应被各成员国促进和保护"）；《非洲儿童权利与福利宪章》第 11（2）（c）条。

——**个体批判能力与判断能力的发展**：《儿童权利宣言》原则 7；《中美洲教育基本规范统一公约》第 12（4）条；1974 年《关于促进国际了解、合作与和平的教育以及关于人权与基本自由的教育的建议》原则 5。

——**对自然环境的尊重的发展**：1974 年《关于促进国际了解、合作与和平的教育以及关于人权与基本自由的教育的建议》原则 18（e）；《儿童权利公约》第 29（1）（e）条⑱；《世界全民教育宣言》序言；《非洲儿童权利与福利宪章》第 11（2）（g）条。

——**人类性格中尊严感的发展**：《经济、社会及文化权利国际公约》第 13（1）条。

——**受教育者生活水平的提升**：《美洲人的权利和义务宣言》第 XII 条。

——增强对上帝的忠诚：《伊斯兰人权开罗宣言》第 9（b）条。

——维护国家独立：《非洲儿童权利与福利宪章》第 11（2）（e）条。

——与他人沟通的能力：1974 年《关于促进国际了解、合作与和平的教育以及关于人权与基本自由的教育的建议》原则 4（d）。

——达致社会正义、自由与和平：1948 年《美洲国家组织宪章》第 3（m）条；1974 年《关于促进国际了解、合作与和平的教育以及关于人权与基本自由的教育的建议》原则 6、7、18（b）；《美洲人权公约在经济、社会及文化权利领域的补充议定书》第 13（2）条。

——提升儿童对基本健康医疗的认知：《非洲儿童权利与福利宪章》第 11（2）（h）条。

教育目的的表述偶尔也会非常宽泛甚至模糊。例如，《美洲国家组织宪章》第 100（g）条委托"美洲国家间教育、科学及文化委员会"提升"美洲人民对和谐的国际关系的认识和更好地理解美洲历史与文化根源的教育，目的是为了强调和保存他们共同的价值观和尊严"。阿拉伯国家联盟的《阿拉伯儿童权利宣言》包含了非常多的教育目的，从社会变化及对社会的积极贡献，到促进自律和强烈的工作伦理，以及达到优质水准的生活。

除了非洲统一组织 1990 年 7 月通过的《非洲儿童权利与福利宪章》第 11（2）条以外，1989 年的《儿童权利公约》第 29（1）（c）条是最近以来从儿童角度革新教育目的的最重要的尝试[19]，后者的内容，主要是建立在阿尔及尔与四方理事会（Four Directions Council）提交的建议基础上[20]，其中规定：

缔约国一致同意教育儿童的目的应是……培养对儿童的父母、儿童自身的文化认同、语言和价值观、儿童所居住国家的民族价值观、其原籍国以及不同于其本国的文明的尊重。

遗憾的是，《儿童权利公约》第 29（1）条没有将儿童的社会、精神与道德的发展作为一个值得实现的教育目的加以阐明。[21]一些教育目的也有可能彼此之间会产生冲突，导致在实现它们的时候出现各种问题。一个具有多元文化的多元社会会发现，在文化和少数主义者的价值与国家和多数主义者的价值之间维持平衡是越来越困难了。㉒实际上，这些价值之间的紧张关系在起草《儿童权利公约》的时候就已经被提出来了。㉓

教育目的也会在国家的宪法和普通立法中加以规定。例如，1986 年《尼加拉瓜宪法》第 117 条规定，除了其他事务以外，教育应提升国家的价值和文化，并为了科学与技术的进步而促进科学研究。1987 年《菲律宾宪法》是对教育目的表述最为全面的一部国家立法，其第 XV 条第二部分规定：

（1）教育……应致力于人的精神、智力、社会、文化、科学及身体的全面发展，以使其成为一个敬畏上帝、热爱和平及努力工作的国家公民；

（2）所有学校……应灌输爱国主义和民族主义，并应教授公民权利和责任以及穆斯林、基督教和部族人民的文化，在多样性中发展、促进和增强团结；

（7）教育……应发展个人的民族身份意识和认同，并应为达到国家团结与和谐而更好地理解彼此的文化遗产。

突尼斯近来重新审查了其基础教育的课程，在所有教科书中都强调了容忍、热爱和平、解决冲突、责任与团结的价值。㉔而这一修订正是突尼斯签署《儿童权利公约》的结果。

注　释：

① N. Mandela "No Easy Walk to Freedom" (1953 Address) in W. Laqueur and B. Rubin (eds) *The Human Rights Reader* (1989) 317, 319.

② W. Foster and G. Pinheiro "Constitutional Protection of the Right to an Education" (1987–88) 11 *Dalhousie Law Journal* 755, 766.

③ M. Nowak "The Right to Education" in A. Eide (ed.) *Economic, Social and Cultural Rights* (1995) 189, 196.

④ Ibid.

⑤ 同样考虑以下条款的综合效力:《儿童权利公约》第4条和第28条;《经济、社会及文化权利国际公约》第2(1)条和第13条;《美洲人权公约在经济、社会及文化权利领域的补充议定书》第1条和第13条。

⑥ L. Cremin (ed.) *The Republic and the School*: *Horace Mann on the Education of Free Men* (1957) 63.

⑦ 6 L. N. TS. 190.

⑧ Nowak, op. cit., 193.

⑨ H. Cullen "Education Rights or Minority Rights?" (1993) 7 *International Journal of Law and the Family* 143, 144.

⑩ F. Volio "The Child's Right to Education: A Survey" in G. Mialaret (ed.) *The Child's Right to Education* (1979) 19, 24.

⑪ G. Van Buren *The International Law on the Rights of the Child* (1995) 253.

⑫ 参见如 J. N. Turner "The Rights of the Child Under the U. N. Convention" (1992) 65 *Law Institute Journal* 38, 45; I. Snook *Education and Rights* (1979) 31.

⑬ Nowak, op. cit., 189.

⑭ 与联合国和美洲国家组织主持通过的人权文件相比,其他地区性文件在界定受教育权的目的方面比较模糊。

⑮ 这包括人类经验的所有角度:生理的、智力的、心理的和社会的。其实质目的是,个人将根据能力和才智发挥其最大潜力。

⑯ 1974年联合国教科文组织《关于促进国际了解、合作与和平的教育以及关于人权与基本自由的教育的建议》将负责任的生活界定为"个人准备好参与解决其所在社会、国家以及整个世界的问题"。

⑰ 教育的这种特定目的假定儿童应该接触"容忍"的概念,以弥补从父母或其他身边的人获得的确定的理念。儿童应知道信仰的多样性,并欣赏这些分歧的存在是一个社会的组成部分。参见 P. Hobson and R. Cresswell "Parental Rights, Education and Liberal Tolerance" (1993) 14 *Discourse* 44, 50.

⑱ 《儿童权利公约》第一次以条约的形式将此种教育目的规定其中。

⑲ 一位评论者认为,所有学校都应将《儿童权利公约》第29(1)条作为对其任务的说明。J. N. Turner "Panic Over Children's Rights" (1996) 1 *Newcastle Law Review* 72, 90.

⑳ Commission on Human Rights *Report of the Working Group on a Draft Convention on the Rights of the Child* E/CN. 4/1985/64 (3 April 1985) Annex Ⅱ p. 3; Commission on Human Rights *Report of the Working Group on a Draft Convention on the Rights of the Child* E/CN. 4/

1988/28 (6 April 1988) p. 48, para. 235.

㉑ 这项建议曾由具有联合国经济和社会理事会咨商地位的非政府组织——巴哈伊国际社团 (Baha'i international community) 于 1983 年提出。Commission on Human Rights *Report of the Working Group on a Draft Convention on the Rights of the Child* E/CN. 4/1983/62 (25 March 1983) Annex Ⅱ (E/CN. 4/1983/WG. 1/WP. 2).

㉒ D. McGoldrick "The United Nations Convention on the Rights of the Child" (1991) 5 *International Journal of Law and the Family* 132, 148; S. Poulter *English Law and Ethnic Minority Customs* (1986) *passim*.

㉓ Commission on Human Rights *Report of the Working Group on a Draft Convention on the Rights of the Child* E/CN. 4/1987/25 (9 March 1987) p. 10, para. 41; Commission on Human Rights *Report of the Working Group on a Draft Convention on the Rights of the Child* E/CN. 4/1989/48 (2 March 1989) p. 85, paragraphs 478 and 479.

㉔ http: //www. unicef. org/crc/success/mena. html.

6. 少数群体的受教育权

引言

少数者权利近来成为国际人权法中的一个主要话题。除了一些长期存在的涉及印度的锡克教徒、土耳其的库尔德人、斯里兰卡的泰米尔人以及西班牙的巴斯克人的冲突，少数者权利的斗争还可能在东欧的一些新兴国家以及前苏联地区出现，在这些地区民族情感在共产主义时期是被压制的。

尽管国际法律文件曾多次提到少数者的权利，但仍未有一个对"少数者"公认的定义。国际法院永久法庭在 1930 年 7 月 31 日涉及希腊－保加利亚移民问题的一份建议书中涉及了这一概念。鉴于保加利亚与希腊 1919 年 11 月 27 日的公约，该法庭指出：

> 确定何为公约条款所指的族群，其标准就是，存在着生活于一个特定的国家或地区的一群人，他们拥有种族、宗教、语言和自己的传统，并由对该种族、宗教、语言和传统的认同而联系在一起，拥有团结的情感，保护他们的传统，坚持他们的信仰形式，确保对儿童的指导和教养能与其种族的精神与传统一致并彼此扶持。①

当代对"少数者"一词的界定，是由弗朗西斯科·卡波托尔蒂（Francesco Capotorti）教授提出来的，他是联合国防止歧视及保护少数小组委员会（后更名为促进和保护人权小组委员会——译注）特别报告员，同时也是《在人种、宗教和语言上属于少数群体的人的权利研究》一书②的作者。卡波托尔蒂教授将少数者界定为：

> 一个群体在数量上少于该国其他人口，处于一种非主导的地位。其成员——作为该国的国民——在人种、宗教或语言方面具有不同于其他人口的

特征，并且，倘若含蓄地讲，他们表现出一种团结感。这种团结感意指他们对自身文化、传统、宗教或语言的保护。③

正如一位评论者所认为的，国际人权法关注有凝聚力的群体，其群体特征是持续的，他们自视或被其他人视为不同于社会的主流。④现有法律通常在少数者的概念下关注人种、宗教、语言、民族⑤或种族群体。人种已经在某种程度上成为一个包罗万象的概念。一个人种群体就是，在主权国家中，因其成员具有共同的特质，如历史、文化、语言和宗教而视其自身、并/或被别人视为与众不同的群体。正像理查森（Richardson J.）在新西兰的金－安塞尔诉警察案（King-Ansell v. Police）中指出的：

一个群体是在人种根源上可被辨别的，同时，如果他们是人口中的一部分，因共有的习惯、信仰、传统以及特点的充分融合而明显区别于其他人。其特点即使不是生物学意义上的共同种族血缘，也是来自共同的过去。正是这种充分融合使他们无论是在自己眼里还是在群体之外的人的眼里，都具备历史决定的社会身份。⑥

少数群体的习惯和文化传统的生命力在很大程度上取决于通过教育的载体将其有效地代代相传。⑦教育学家已经强调了少数群体儿童建立并维持一种强烈且积极的文化认同的重要性。⑧实际上，一位联合国前秘书长曾谈道："一个既不会读又不会写还没有受过最基础教育的人，是不会受到任何真正文化的熏陶的。"⑨同样，少数者的受教育权建立在两个迫切需要的基础上，这两者通常是一致的但偶尔也会彼此冲突。一个是机会平等，这要求提供的教育条件应该能使少数群体成员最大限度地实现他们个人的才能并在主流社会找到他们的位置。第二个是多元化，即寻求保护少数者的身份并欢迎文化的多样性。⑩同时，多元化也倡导公共机构呈现出大多数的社会都包含有多种信仰和文化的现实。⑪

历史概要

无论是基于人道主义的追求，抑或是出于实用主义的动机，国际法保护少数群体的历史已经很长。宗教少数群体是第一个被条约保护的少数群体；民族少数群体紧随其后被国际联盟所保护。[12]关于保护特定少数者的条约是在第一次世界大战后被协约国和战败国双方作为和平协定的附加条款签署的。国际联盟少数者制度是第一个保护上述少数者的制度，尽管其方式较为有限。第一次世界大战后的少数者条约是由《凡尔赛条约》重新划定欧洲边界而促成。《凡尔赛条约》将少数群体置于与其具有不同宗教和民族成分的国家边界内。[13]这些少数者条约试图为少数者的语言的、文化的、宗教的和教育的权利提供详尽保障，同时，国际法院永久法庭也在几个场合中被要求解读这些保障的含义。[14]

少数者通过教育来传递他们的文化与信仰，其重要性已得到国际联盟的充分认可。1919年6月28日签署的《主要协约国及参战国与波兰的协定》[15]，作为该系列中的第一个条约，包含了关于少数者教育的条款，这一内容也在大多数其他国际联盟少数者条约中出现。该协定第8条和第9条规定：

第8条

属于种族、宗教或语言少数者的波兰国民应在法律和事实上享有与其他波兰国民同样的待遇和安全。特别是，他们应有平等的权利建立、管理以及控制他们自己出资建立的慈善、宗教和社会机构，学校及其他教育设施，有权使用他们自己的语言以及在其中实践宗教的自由。

第9条

波兰将在非波兰语的国民大量居住的城市和郊区的公立教育系统中提供充足的设施，确保在小学中使这些波兰国民用他们自身语言为媒介接受教育。这种供应不应阻碍波兰政府将上述学校的波兰语教育规定为义务。

在有大量属于种族、宗教或语言少数者的波兰国民的城市和郊区，这些少数者在享有和申请教育、宗教或慈善目的国家公共基金，地方或其他预算总量方面应确保有公平的份额……

协定的第9条实质上规定了在公立初等教育所有学科的教学中，除了波兰语之外，也应使用少数者语言作为教学语言。波兰政府可以坚持在少数者学校教授波兰官方语言，但不能要求其他学科只用此种语言来教授。[16]1920 年 11 月 9 日[17]签署的《巴黎专约》用了第Ⅳ部分整个章节的内容阐述"教育与学校"。其第 105 条规定，私立学校应当遵守国家的法律，并且须获得政府批准，条件是私立学校的教育计划和组织不逊色于公立学校。国际联盟少数者条约中包含教育的内容确立了一个历史先例，并最终影响到联合国在此领域的标准确定。

少数者受教育权的国际承认

第二次世界大战的即时后果的标志是各国政府对少数者权利均谨慎对待。那个时期的传统观念认为，在普遍的个人人权的新世界秩序中，特定群体的权利是过时的。[18]这一发展变化在国家层面的体现是国家在正规教育领域引入同化论哲学。

1948 年的《世界人权宣言》同样没有确认或保护少数者权利。宣言的内容大多使用个人化的语言表述，全文没有提到"少数者"这个词，尽管在宣言起草期间曾考虑过许多关于少数者权利的建议。[19]其中一份最详细的关于少数者的建议指出：

在所有国家中，只要居住有一定数量的，在种族、语言或宗教方面区别于多数人口的人群，便属于少数者，他们有权以超出公共经费平等比例的数额，建立并维持他们的学校和文化机构，有权在法庭、其他权力部门或国家机构面前，以及新闻和公共集会中使用他们的语言。[20]

针对该条以及其他保护少数者建议的争论——特别是关于不歧视与少数者语言教学的问题——演变成了一场持久战，最终并不能达成任何意见一致的方案。[21]《世界人权宣言》中唯一可用于少数群体中的个体的条款是第 2 条有关不歧视的一般条款，以及第 26（2）条提到的教育在促进"所有国家、种族或宗教群体间的理解、宽容和友谊"中的作用。其结果是，少数者作为一个整体，在《世界人权宣言》中没有权利，而少数群体中的个体仅可享有那些从所有个体权利中导出的权利。

联合国对少数者权利的关注在 1966 年联合国大会通过的《公民与政治权利国际公约》中得以复活。该公约的第 27 条规定："在那些存在着人种的、宗教的或语言的少数者的国家中，不得否认这种少数人同他们的集团中的其他成员共同享有自己的文化、信奉和实行自己的宗教或使用自己的语言的权利。"第 27 条对少数者教育的意义尚不清晰。尽管在公约第 28 条下成立的人权委员会的判例法已经涉及第 27 条的多方面问题，但其商议的内容并没有特别关注教育方面。然而，人权委员会已经不时地向提交报告的政府提出少数者教育的问题。这就意味着人权委员会持有这样的观点，即教育是被第 27 条的宽泛用语所涵盖的。[22]如果站在先前提到的教育与文化的存活与发展相关联的基础上，这一观点是可以被支持的。尽管该条款使用了否定表述——"不得否认"，但卡波托尔蒂教授仍认为，缔约国仅仅不予干预不能充分履行第 27 条的义务；采取积极作为，包括针对少数者教育的特别措施，才是迫切的。[23]

联合国教科文组织在少数者受教育权领域已经做出卓越的贡献。其 1960 年的《取缔教育歧视公约》提倡将少数者权利纳入受教育权的实质组成部分。[24]此公约还包含了可适用于少数者教育的一套综合的标准化指标，这些内容也在随后的国际及地区性的文件中得到响应。《取缔教育歧视公约》的相关条款如下：

第 2 条

一国所容许的下列情况，不应视为构成本公约第 1 条含义内的歧视……

（b）为宗教上或语言上理由，设立或维持分开的教育制度或学校，以提供一种与学生的父母或法定监护人的愿望相符的教育，如果这种制度的参加和这种学校的入学是由人随意选择的，而且所提供的教育又符合主管当局所可能规定或批准的标准——特别是在同级教育上的话；

（c）设立或维持私立学校，如果这些学校的目的不在于排除任何一群人，而在于在公共当局所提供的教育设施之外另再提供其他教育设施，并且学校的管理是按照这一目的进行，其所提供的教育又符合主管当局所可能规定或批准的标准——特别是在同级教育上的话。

第 5 条

1. 本公约缔约各国同意：

（c）必须确认少数民族的成员有权进行他们自己的教育活动，包括维持学校及按照每一国家的教育政策使用或教授他们自己的语言在内，但：

（ⅰ）行使这一权利的方式，不得妨碍这些少数民族的成员了解整个社会的文化和语言以及参加这个社会的活动，亦不得损害国家主权；

（ⅱ）教育标准不得低于主管当局所可能规定或批准的一般标准；

（ⅲ）这种学校的入学，应由人随意选择。

《取缔教育歧视公约》第 5（1）（c）条不仅具有突破性意义，其可贵之处还在于提出了少数群体成员应学习"主流"语言和文化的有益要求，以及承认语言、教育与文化之间的内在关系。然而，第 5（1）（c）条也确实存在许多缺陷。首先，这一条款只提到了"少数民族"，而没有提到种族、民族宗教或语言少数者，因而就当代发展来看，其范围过于狭窄。显然，缔约国并不想将建立少数者学校的权利扩展到移民群体。㉕其次，该条款没有规定为少数者学校提供政府资助或其他的积极支持，这在一定程度上标志着政府地位从国际联盟少数者条约中的倒退。完全让少数者自己为其教育体系提供经费支持可能会削弱《取缔教育歧视公约》全篇倡导的平等精神，也会与其中第 3（d）条的广义解释相抵触。《取缔教育歧视公约》第 3（d）条规定，各缔约国"在公共当局所给予学校的任何形式的协助上，不容许任何纯粹以学生属于某一特殊团体这个原因为基础而定的限制或特惠"。而且，1978 年 11 月 27 日联合国教科文组织通过的《种族与种族偏见问题宣言》第 5（2）条要求各国应使其"人口中的所有群体都可获得教育资源而没有种族限制"㉖。而第 5（1）（c）条所包含的"根据每一国家的教育政策"准予在少数民族学校使用或教授少数者语言的说法也削弱了前一条款的力度。最后，第 5（1）（c）（ⅰ）条提及的"损害国家主权"也许是一个过时的判断结果，正如我们不久就看到的，这一观点已经被国际劳工组织等重新予以了考虑。

学校间的隔离是教育领域中歧视少数者的一种活生生的形式。隔离包括拒绝少数者进入主流学校。近来，最突出的众多例子中，其中的两个涉及南非和美国的非白人教育问题。由于隔离少数者的学校一般在质量上较差（低投入的结果），而到这些学校入学又是强制性的，因此隔离学校实质上否定了少数者与大多数人一样拥有接受内容和质量相同的教育的机会。此外，《取缔教育歧视公约》第3条还寻求以多种方式规范隔离学校，其中部分规定为：

> 为了消除并防止本公约所指的歧视起见，本公约缔约各国承担：
> （a）废止含有教育上歧视的任何法律规定和任何行政命令，并停止含有教育上歧视的任何行政惯例；
> （b）必要时通过立法，保证在学校招收学生方面没有歧视；
> （c）在学费和给予学生奖学金或其他方式的协助等事项上，除了以成绩或需要为基础外，不容许公共当局对不同国民作不同的待遇；
> （d）在公共当局所给予学校的任何形式的协助上，不容许任何纯粹以学生属于某一特殊团体这个原因为基础而定的限制或特惠。

设立私立学校的自由至今未被保护公民与政治权利的公约所确认，而只是作为有关受教育权的政府限制条款。[27]例如，《经济、社会及文化权利国际公约》第13（4）条意指国家有不干预设立私立学校的义务：

> 本条的任何部分不得解释为干涉个人或团体设立及管理教育机构的自由，但以遵守本条第一款所述各项原则及此等机构实施的教育必须符合国家所可能规定的最低标准为限。

《经济、社会及文化权利国际公约》第13（4）条的范围要大大宽于《取缔教育歧视公约》第5（1）（c）条的规定，因为前者没有局限于少数民族或任何的少数者。设立和管理教育机构的自由不仅属于少数群体，也属于私人个体和法人实体。第13（4）条大致可应用于任何层次或任何类型的教育，但有两个限制。第一，所提供的教育必须符合第13（1）条列举的教育目的。第二，所提供的教育必须符合国家规定的最低教育标准，如关于入学、课程内容、教学人员的资质及证书的认定等。还应当指出，《经济、社会及文化权利国际公约》第 13（3）条与《取缔教育歧视公约》的第 5（1）条类似，都要求缔约国尊重父母为其子女选择符合国家教育标准的非公立学校的自由。

《儿童权利公约》的许多条款关注少数者教育问题。第 29（1）（c）条记录了各缔约国的一致意见，即儿童的教育应被指向培养"尊重儿童的父母、儿童自身的文化认同、语言和价值观、儿童所居住国家的民族价值观、其原籍国以及不同于其本国的文明"。其第 29（2）条实际上与《经济、社会及文化权利国际公约》第 13（4）条是相同的，第 29（2）条规定：

> 对本条或第 28 条任何部分的解释均不得干涉个人和团体建立及指导教育机构的自由，但须始终遵守本条第 1 款［关于教育的目的］载列的原则，并遵守在这类机构中实行的教育应符合国家可能规定的最低限度的标准的要求。㉘

《儿童权利公约》第 30 条建立在《公民与政治权利国际公约》第 27 条的基础上，同时其范围中包含了土著儿童从而扩展了后者的内容。第 30 条规定：

> 在那些存在有在族裔、宗教或语言方面属于少数人或原为土著居民的人的国家，不得剥夺属于这种少数人或原为土著居民的儿童与其群体的其他成员共同享有自己的文化、信仰自己的宗教并举行宗教仪式或使用自己的语言的权利。

《儿童权利公约》第 30 条建立在四方理事会——一个致力于加强土著儿童保护标准的非政府组织——提交的建议基础上。㉙遗憾的是，《儿童权利公约》没有任何条款清楚确认少数群体有为了一般教学的目的而使用自己语言的权利。四方理事会也没有成功地将确认土著儿童"至少在初等教育阶段，有以他父母的和所在国家的官方语言接受教育的权利"的内容纳入现有的第

30 条之中。[30]在讨论起草儿童权利公约的工作小组的 1987 年会议上，芬兰的观察员强烈反对将儿童以其自己的语言接受教育的权利纳入公约当中。[31]因此，《儿童权利公约》第 30 条没有确认并发展教育、语言与文化之间的联系。

少数者权利是个棘手而又充满争议的问题，联合国最近一次处理有关此问题的尝试，是联合国大会于 1992 年 12 月 18 日通过《在民族或族裔、宗教和语言上属于少数群体的人的权利宣言》。[32]该权利宣言旨在详细制定《公民与政治权利国际公约》第 27 条所包含的标准。其第 4（3）条和第 4（4）条是与少数者教育问题相关度最大的条款：

第 4（3）条

各国应采取适当措施，在可能的情况下，使属于少数群体的人有充分的机会学习其母语或在教学中使用母语。

第 4（4）条

各国应酌情在教育领域采取措施，以期鼓励对其领土内的少数群体的历史、传统、语言和文化的了解。属于少数群体的人应有充分机会获得对整个社会的了解。

第 4（3）条的不足在于使用了非限定的用语——"在可能的情况下"，从而使向少数者提供以其母语进行的教学或学习母语成为可选项。第 4（4）条体现了对政府为加强文化间的理解而修订学校课程的呼吁。尽管《在民族或族裔、宗教和语言上属于少数群体的人的权利宣言》未对联合国会员国施加任何法律拘束力，但第 4（4）条的确超出了《儿童权利宣言》所包含的关于少数者教育的规定。正如一位评论者认为，宣言在一定程度上弥补了联合国内部在战后早期对少数者问题的忽视，它表明了保护和提升少数者权利的全球范围的最低标准，这会在可预见的未来影响联合国少数者项目的内容和规划。[33]1993 年 6 月在维也纳举行的世界人权会议，号召联合国人权委员会检查《在民族或族裔、宗教和语言上属于少数群体的人的权利宣言》中那些有效地保护和提升少数者权利的各种方式，并督促会员国及国际社会保护和

促进这些权利。㉞

地区层面对少数者教育权的承认和保护

地区性的人权文件也强调少数者的教育问题，特别是设立和管理非公立教育机构的自由。在拉丁美洲，1988 年《美洲人权公约在经济、社会及文化权利领域的补充议定书》第 13（5）条承认"个人和团体有根据缔约国国内立法设立和管理教育机构的自由"。与之前详细讨论的国际人权文件的相应条款不同的是，第 13（5）条没有明确提到要求这些机构提供的教育应符合国家规定的最低标准（尽管这可以从"根据缔约国国内立法"条款中看出来）。至于非洲，1981 年的《非洲人权和民族权宪章》没有明确提及少数者的教育问题。其第 17（1）条只是简单规定："每个人都有受教育的权利。"该宪章唯一与此领域有关的条款，是第 22 条含有关于保证所有人都有权得到文化的发展的部分。这一缺陷被 1990 年《非洲儿童权利与福利宪章》的第 11（7）条所弥补，它确认"个人和团体有设立和管理教育机构的自由，但要满足上述原则［有关第 11（2）条列举的教育目的］，并且这些机构所提供的教育应符合国家可能规定的最低标准要求"。

1950 年《欧洲人权公约》没有包含任何专门涉及少数者权利的条款。唯一明确提到少数者的内容是公约第 14 条——一般性的不歧视条款——规定"人人对公约所载的权利和自由的享受，应予保证，不得因性别、种族、肤色、语言、宗教、政治或其他见解、民族或社会出身、与少数群体的联系、财产、出生或其他身份而有所歧视"。㉟然而，公约第一议定书的第 2 条的确规定说：

没有人可被否认受教育的权利。国家在行使任何与教育和教学有关的职责中，将尊重父母按照其宗教和哲学信仰来保证得到此类教育和教学的权利。

第 2 条的表述没有确定在政府教育系统以外是否存在设立学校的权利。然而，很多争论认为，第 2 条将信仰方面属于少数者的父母权利纳入一般受教育权而提供了明确的保护㊱，他们认为这样一项权利确实存在。㊲第 2 条第 2

句的要求有争议地为允许开办一些私立学校创造了实际的规则。㊳事实上，在英格丽德·乔德伯基督教学校基金会和英格丽德·乔德伯诉瑞典案（Ingrid Jordebo Foundation of Christian Schools and Ingrid Jordebo v. Sweden）㊴中，欧洲人权委员会似乎已经接受第 2 条的内容包含设立与管理私立学校权的解释。国家有管理私立与公立教育的权力与责任，但不能使用其管理权使人们不能设立私立学校。㊵

第 2 条还被欧洲人权法院解释为要求国家对教育过程多元化的承诺。在杰德森、布斯克·马森和佩德森诉丹麦案（Kjeldsen, Busk Madsen and Pedersen v. Denmark）㊶中，欧洲人权法院认为第 2 条的"目的是为了保证教育多元化的可能性……这对于保存公约所确信的'民主社会'是必要的……"㊷与信仰少数者相反，文化和语言少数者必须依赖第一议定书第 2 条第 1 句以及《欧洲人权公约》第 14 条的规定寻求保护其权利。除了确认比利时语言案㊸所体现出的不歧视原则和教育过程的多元化之外，《欧洲人权公约》没有对少数者的受教育权明确提及或进行积极保护。㊹至此，支持积极承认并保护少数者受教育权的努力在公约的框架内宣告失败。㊺

在过去的 10 年中（应为 1980—1990 年——译注），少数者的教育权在欧洲共同体的框架中得到了更多的关注。欧洲议会 1984 年 3 月 14 日通过的《欧洲共同体的教育自由决议》部分规定："教育和教学的自由应包括设立学校并提供教学的权利……"少数者权利和少数者教育权在 1975 年后被持久列入欧洲安全与合作会议［CSCE，自 1995 年 1 月 1 日起，该会议改称"欧洲安全与合作组织"（OSCE）——译注］的日程中。1975 年 8 月 1 日，由 35 个国家，包括美国和苏联，在赫尔辛基通过了《欧洲安全与合作会议最后文件》。《欧洲安全与合作会议最后文件》包括了题为"有关欧洲安全的问题"的原则宣言。尽管《欧洲安全与合作会议最后文件》的条文包含了与签字国现存人权义务一致的行动承诺，但这部文件没有条约的地位，签字国对它的理解是不具有法律拘束力。㊻欧洲安全与合作会议的文件事实上只是代表了一系列的政治义务，然而，它们也确实激励欧洲安全与合作会议的成员国在多种事项中考虑以多种方式承认并保护少数者权利。

赫尔辛基《欧洲安全与合作会议最后文件》中提到少数者的最重要的部

分出现在其原则宣言的原则 X：

在其领土上有少数民族存在的参加国，应尊重这些少数者在法律面前的平等权，应给予他们充分的机会实际享有人权和基本自由，并且以这种方式保护他们在此领域的合法利益。

《欧洲安全与合作会议最后文件》也包含了关于"教育领域的合作与交流"的内容，其有如下段落涉及少数民族：

参加国，承认少数民族或地区文化能够为彼此在多方面教育领域中的合作做出贡献，且当这些少数者或文化存在于他们领土内的时候，考虑到他们成员的合法利益，努力为这些贡献提供便利。

欧洲安全与合作会议在少数者教育权问题方面取得的最近的突破是在1990 年 6 月举行的人类向度哥本哈根会议上。《关于人类向度的哥本哈根会议宣言》中的原则 32 指出：

属于少数民族的人们有自由表达、保存和发展他们族裔的、文化的、语言的或宗教的认同的权利，有权维持和发展他们的文化，不受任何违背自愿的同化意图的干扰。他们特别享有……建立和维持他们自己的教育、文化和宗教的机构、组织或协会的权利，并在国家法律的规定下寻求自愿性的经费支持，以及包括公共财政在内的其他支持。

尤为重要的是，《关于人类向度的哥本哈根会议宣言》中的原则 32 并未保证向少数者学校提供任何的国家经费支持。尽管它只规定了少数民族（与《取缔教育歧视公约》的情况相同），但由于明确提到了族裔、文化、语言或宗教认同等字眼，因此虽有争议，但还是有要求对民族做扩大解释的可能。根据《关于人类向度的哥本哈根会议宣言》中的原则 34，参加国要在教育机构的历史与文化教学的环节中考虑少数民族的历史与文化。1991 年 7 月 19

日在日内瓦召开的关于少数民族的欧洲安全与合作会议专家会议提出，一些欧洲安全与合作会议参加国已经通过对属于少数民族的人们提供财政与技术的支持，使其能够行使设立和管理他们自己的教育机构的权利，并在此方面取得了积极的成果。

少数群体设立和管理教育机构的权利也被一些国家所承认。例如，1949年《印度宪法》第30（1）条规定："所有少数者，无论是基于宗教或语言，都有根据其选择设立和管理教育机构的权利。"第30（2）条进一步规定："在对教育机构提供资助时，国家不能以教育机构的管理者是少数者——无论是宗教的或是语言的——为理由而构成任何歧视。"后一条规定有效地承认少数者教育机构有权利得到国家的资助。在丹麦，日耳曼裔少数群体有权设立他们自己的学校并由这些学校颁发证书，当这些学校获得丹麦政府的认可时，其证书与公立学校颁发的证书具有同等效力。少数者设立私立学校的基本要求中包括政府要对其课程和管理层人员的学术资质进行把关，同时学校房屋的适宜性方面也要获得丹麦政府的批准，以保证这些学校达到公立学校的一般标准。[47]

跨文化（多元文化）的教育

作为其组织法授权的一部分，联合国教科文组织在最初就致力于推动"人民之间的相互认知和理解"。[48]联合国教科文组织在保存和推动文化方面已有悠久的历史，它尤其确保少数者文化的利益。联合国教科文组织1966年的《国际文化合作原则宣言》第Ⅰ条宣布：

（1）每一种文化都有其必须被尊重和保护的尊严和价值……
……
（3）所有文化，以其丰富的多样性与多元性，以及它们对彼此之间的互惠影响，构成了属于所有人类的共同遗产。

联合国教科文组织1976年的《关于人民大众参加文化生活并对之做出贡献的建议》第4（g）条号召各国"保护、保卫并加强所有形式的文化表达，例如民族或地方性语言、方言、民间艺术以及过去和现在的传统，乡村文化，以及其他社会群体"。这些文件的根源来自联合国教科文组织的信条，即文化差异在大多数社会中应被视为一个正常且自然的特征并同时被承认和欣赏，所有儿童应当在这样的环境中被抚养长大。因此，联合国教科文组织 1974 年的《关于促进国际理解、合作与和平的教育以及关于人权和基本自由的教育的建议》第 17 条规定：

为了鼓励各国互相欣赏不同文化间的差异，成员国应当在不同阶段和不同类型的教育中加强对不同文化及其彼此间的互惠影响、视角和生活方式的学习。作为促进国际和文化间理解的手段，这种学习应当（包括其他事项）特别重视教授外国语言、文明和文化遗产。

正如本章前面讨论过的，多元化和文化多元主义已经被联合国大会在《公民与政治权利国际公约》第 27 条和《儿童权利公约》第 30 条的一般条款中承认。跨文化教育的重要性最近在联合国大会 1992 年的《在民族或族裔、宗教和语言上属于少数群体的人的权利宣言》中再次得到确认。其第 4（4）条规定：

各国应酌情在教育领域采取措施，以期鼓励对其领土内的少数群体的历史、传统、语言和文化的了解。属于少数群体的人应有充分机会获得对整个社会的了解。

因此，《在民族或族裔、宗教和语言上属于少数群体的人的权利宣言》第 4（4）条在积极强化少数者认同与促进少数者和整个社会有一定程度的融合这两种需要之间进行了平衡。

欧洲共同体也在移民工人子女教育的特定话题下考察了跨文化教育问题。1977 年《欧共体理事会关于移民工人儿童教育问题的指示》规定：为了这些儿童，"成员国应根据其国情与法律制度，与本国政府合作，在师范教育的协同下，采取适当措施促进母语与出身国文化的教学"。

支持跨文化教育的主导理论既基于个体利益又基于社会利益。它们包括：

（a）在少数者儿童中灌输其对自己文化的自豪感将会强化他们的自我形象与身份感；

（b）避免偏见与歧视，并且提供平等的受教育机会；

（c）将儿童置于其生活的社会和更广阔世界的综合环境中加以教育。

正像英国1977年发布的《学校教育绿皮书》中所指出的：

我们的社会是一个多文化、多种族的社会，学校课程必须反映出对这些构成我们社会的不同文化和种族的系统理解……我们还生活在一个复杂和相互依存的世界中，英国的许多问题需要国际的解决之道。因此学校课程应反映我们了解和理解其他国家的需求。[49]

少数者语言教育

引言

少数者文化与少数者语言以及使用这些语言教学与教授这些语言之间的紧密关联性，已经获得联合国防止歧视与保护少数小组委员会特别报告员弗朗西斯科·卡波托尔蒂教授的高度支持，其观点如下：

在多民族和多语言的国家中，教育制度中使用不同种族群体的语言对于决定这些群体维持和发展他们自己的特征、他们自己的文化和他们自己的传统的能力是一个关键的检验。作为其文化的必要组成部分，一个少数群体的语言，如果未在任何教育中被使用，那么这个文化群体的生存将岌岌可危。[50]

早期的国际联盟条约确认语言是少数者身份的必要组成部分。1919年的《主要协约国及参战国与波兰的协定》第8条和第9条承认属于语言少数者的波兰人有使用自己的语言接受教育的权利。

选择哪种语言作为学校课程的教学语言，对于少数群体而言是个非常敏感的问题，在该群体之外的社会中也是同样会引起政治争议的话题。难怪，国际法在这个领域中的标准进展是相对缓慢的，此问题将在稍后阐述。然而，少数者教育语言权的问题与当今世界的多数社会都有直接的相关性。世界上大多数国家在其本国内事实上都有几种土著语言在使用，从这个意义上来讲，它们都是多语言国家。[51]目前有超过 40 个的官方双语或多语国家，但世界上大约 200 个国家中的大多数，尽管事实上是多语言的，但只承认一种语言为官方语言，故在这个意义上都属于官方的单语国家。[52]因此，在大多数国家，少数者语言的确没有享有与官方语言平等的地位。因而，少数者语言倾向于被认为地位低等且不适合于教学和其他学术工作。[53]有主张认为，如果因为少数者语言不能获得官方认可或者被认为低等，从而使少数群体不能以其母语接受教育，那么该少数群体将会明显地处于劣势。

在学校中教授少数者语言可以采用不同的形式及程度，可将这些方式排列如下：

1）在非官方学校将母语作为唯一教学语言使用；

2）无论在官方学校或非官方学校，都将母语作为教学语言之一（与官方语言一起）（有时也被称为双语教育）；

3）为了强化儿童现存的语言技能，将儿童的语言流利性作为初等学校课程的必不可少的组成部分（通过每周固定小时数的母语教学）；

4）将母语教学作为中等学校外语课程的一个部分。

各方观点：支持与反对

被援引用来反对在学校使用或教授少数者语言的主要论点和困难如下：

1）政府财政支出的抑制作用。特别是在那些存在多种少数语言的国家更为明显。提供少数者语言的教学或使用少数者语言教学，都可能涉及建设新教室、印刷新教材与翻译服务材料，以及训练新的教师。在那些少数者学校被纳入公立学校系统的国家，政府通常承担大部分的此类花费，因而相关国家的经济状况将明显地对这些问题有影响。[54]

2）对国家统一的威胁。许多后殖民社会都在努力巩固由于其殖民地边界划定造成的多民族社区，其学校语言政策常在不利于多样化的情况下强调国家的统一。[55]在一些发展中国家，当其中一个少数群体的语言被授予了国家或官方语言地位的时候，为了培养国家团结感，这种语言也被指定为初等教育的唯一教学语言。[56]一些政府担心使用少数语言会加强少数群体的认同并提高其政治自治的要求。[57]有人还对此持有保留意见，认为局限于少数者学生的单独或专门的教学，会造成或强化社会分裂，因而存在潜在的危害。[58]

3）缺乏训练有素的教师和适合的教育材料。[59]

支持使用少数者语言作为教学语言或是作为学习目标的论点包括：

1）保护文化遗产。正如 1990 年《世界全民教育宣言》第 5 条所简述的那样："母语的读写能力可以加强文化的认同与继承。"有人说过："语言退化的危险意味着文化自身处于致命的危险之中；充分理解这句话的意思就是，当一个群体被迫使用另一种语言来表达自我，而此又已成为他们生活常态的时候，没有人会主张这个群体还有存活的文化。"[60]在马埃诉艾伯塔案（Mahe v. Alberta）[61]中，少数者语言教育对于文化保存的重要性受到加拿大最高法院的重视，该法院赞同先前皇家双语与双文化主义委员会所阐述过的一段话：

> 语言也是文化发展的一把钥匙。语言和文化不是同义的，但是语言的生命力对于文化的全面保护是一项必要条件……目的必须是为少数者成员提供适合于他们语言和文化身份的教育。

如此，少数者语言的教学有助于防止对少数群体语言和文化的强制性同化。

2）促进多数与少数群体之间的容忍和理解。[62]

3）实现少数者儿童的天赋和沟通技能的最大化。

4）语言（和文化）的多元主义丰富了整个社会。每年都有几种语言消失，因此对少数者语言的教学有助于防止语言流失并保持世界语言的多样性。[63]此类观点都基于这样的理念，即语言是人类遗产的一部分，因此应被珍存。

5）发展积极的自我认知与身份感。如果学校不教授少数者语言，少数者儿童会逐渐认为教育制度和外在社会不接受也不看重他们的语言和文化。少数者语言教育也使少数者儿童了解并欣赏他们群体的历史和文化，并在广阔的世界中获得身份感。[64]

6）促进少数者儿童与其父母、大家族和出身国有更好的交流。

7）与其他国家在贸易、教育和文化方面形成宝贵的联系。[65]

8）加大初等学校阶段的学习机会。近来的研究表明，在上学阶段的最初几年，使用母语教学作为学校日程的一部分，会使儿童在教育上受益匪浅。[66]

国际法对少数者教育语言权的承认

保护和促进少数群体教育语言权的国际标准是相当少的。现有的大多数此类标准都不具有法律拘束力。

1960 年《取缔教育歧视公约》第 2（b）条和第 5（1）（c）条分别规定了为属于语言和民族的少数者设立单独的教育机构，包括"使用他们自己的语言教学"。然而，《经济、社会及文化权利国际公约》第 13 条是否对缔约国施加了为语言少数者提供母语教学的法律义务，却并不很清楚。其准备工作文件在这个问题上也只字未提。但是，别忘了该公约第 2（2）条禁止基于语言和出身国别的歧视，那么，第 13 条的确施加了这样一项责任至少就是可争论的事情。[67]

《公民与政治权利国际公约》第 27 条在这个问题上同样是含糊其辞。其规定为：

在那些存在着人种的、宗教的或语言的少数者的国家中，不得否认这种少数人同他们的集团中的其他成员共同享有自己的文化、信奉和实行自己的宗教或使用自己的语言的权利。

因为没有对这些少数权利进行限制，显然，在那些存在一定程度少数群体需要的地方，禁止在学校使用母语就会违反第 27 条。[68]

联合国内部关于此问题的最新进展是 1992 年的《在民族或族裔、宗教和语言上属于少数群体的人的权利宣言》。其第4（3）条规定："国家应当采取适当措施，在可能的地方，使属于少数者的人有充分机会学习他们的母语或以他们的母语接受教育。"第4（3）条没有施加任何具法律拘束力的责任，但确实为发展有拘束力的普遍规范指出了方向。然而，由于第4（3）条使用了"在可能的地方"一词，并缺乏对"适当措施"的界定，以及其关于以母语教学与教授母语的替代性的表达，因而被大大弱化。

学习官方/多数者语言的必要性

国际法多年来已经承认少数群体成员学习国家官方语言或至少是国家主流群体语言的这种愿望——实际上是必要性。尽管1919年《主要协约国及参战国与波兰的协定》第9条责成波兰政府在学校数量达到一定程度的时候在公立初等学校提供少数语言的教学，但它也清楚地承认政府有权要求在那些学校教授波兰语。有同样效果的是《取缔教育歧视公约》第5（1）（c）（i）条，它承认少数民族群体成员有维持他们自己的学校和在其中使用或教授他们自己语言的权利，但不得妨碍这些少数民族的成员了解整个社会的文化和语言。《在民族或族裔、宗教和语言上属于少数群体的人的权利宣言》在这一点上则不够明确。其第4（4）条仅规定"属于少数群体的人应有充分机会获得对整个社会的了解"。然而有人认为，少数群体成员若对官方或主流民族语言没有基本的了解，将不可能对整个社会的知识有充分程度的掌握。

对这项要求进而产生了各种各样的解释。一位评论者坚称这是一个互惠和避免"民族正统主义"的问题。[69]实际上，少数群体成员如果生活在一个其母语不是官方语言的国家，他们只好成为双语者，而很少有选择的权利。现在普遍一致的意见是，当属于少数群体的人在初等教育阶段以外不能以他们自己的语言接受教育时，他们应被教授官方语言，从而使他们和其他所有学生在平等的基础上进入中等学校和高等教育机构。[70]例如，在奥地利为少数者建立的独立学校中，所有年级都以少数者语言进行教学，但主流语言作为必修科目被额外教授。[71]这与多数群体成员的地位形成鲜明反差，因为多数者成员不需要了解其他语言并且只在他们愿意的时候才学习少数者语言。[72]不过，《在民族或族裔、宗教和语言上属于少数群体的人的权利宣言》第4（4）条号召国家采取适当教育措施鼓励多数者成员认识本国内存在的少数者语言。

少数群体成员掌握官方或主流语言的运用知识，对于其充分融入社会（与强制同化相反）以及机会平等地参与社会的政治、经济和社会生活也是非常必要的。[73]未能充分掌握多数者语言知识的少数者儿童往往会被边缘化。[74]因此，国际法的这一要求的立足点显然是合理的。

少数者的教育语言权：一些国内法的例子

公立学校系统使用少数者语言经常受到宪法性法律、普通法律、行政策指示和/或条约的保护与规制。[75]当然它们也是因国家而异。根据卡波托尔蒂教授所做的一项多国调查，实现少数者语言教学的措施通常包括设立单独的学校或者在同一学校内创办单独的区域或班级。在公立学校系统使用少数者语言主要出现在初等学校阶段；在中等教育或高等教育中使用这些语言的情况相对罕见。[76]缺乏资金、没有胜任的师资以及不希望分裂教育制度的想法，形成了中等学校课程排除使用少数者语言教学的主要原因，而这种情况在发展中国家尤其明显。[77]

遵照1923年的《洛桑条约》，希腊和土耳其分别在其居住有土耳其和希腊少数群体地区的公立初等学校提供母语教学。这个条约还允许在土耳其境内建立和维持使用希腊语教学的私立希腊少数者初等和中等学校。[78]1977年《苏联宪法》在第45条规定，每个公民的受教育权，除了其他方面外，应通过"进入使用母语教学学校的机会"得到保证。1949年《印度宪法》第350A条对每一个邦和地方政府施加了一项积极的法律义务，即"为属于语言少数群体的儿童接受初等教育阶段的母语教学提供充足设施"。

尼加拉瓜法律对大西洋海岸共同体（Atlantic Coast Communities）的规定树立了保护少数者的典范。根据1986年《尼加拉瓜宪法》第90条和第121条，尼加拉瓜政府有义务创办特别项目以保护和提升大西洋海岸共同体的语言、艺术和文化，并且允许其居民有机会在其区域内以母语接受教学。1987年《大西洋海岸自治法》授予大西洋海岸共同体包括教育在内的多方面自治权。其第12（5）条规定："大西洋海岸共同体的居民依法有权通过相关规划接受以其母语进行的教育，这些规划在国家的教育体制内充分考虑到他们的历史遗产、传统和环境特点。"

在一些国家，能否使用少数者语言作为教学语言，取决于上课学生的数量。奥地利 1937 年的《勃艮兰省学校法》规定，如果上一次的人口普查表明，一个学区人口中的70%都是某种语言少数者，则该少数者语言应成为教学语言；当此比例介于30%与70%之间时，学区应建立官方语言与该少数者语言同时作为教学语言使用的双语学校；如果该比例少于30%，官方语言则为唯一教学语言，但地方学区必须确保属于少数者的儿童接受其母语的教学。[79]

少数者教育语言权：欧洲近期的发展

1968 年的比利时语言案[80]涉及了少数群体是否在《欧洲人权公约》下有接受母语教育的权利问题。该案中，讲法语的父母，由于被禁止将其子女送往教学语言为法语的学校，因而认为他们在公约第 14 条（禁止基于包括"与少数群体的联系"在内的各种理由的歧视）和公约第一议定书第 2 条下的权利被侵犯了，后者规定国家"将尊重父母按照其宗教和哲学信仰来保证得到此类教育和教学的权利"。然而，欧洲人权法院认为，公约没有要求成员国尊重父母的语言喜好。并指出：

> [第 2 条]没有要求成员国在教育或教学领域应当尊重父母的语言喜好，而只是要求符合其宗教和哲学信仰。将"宗教"和"哲学"这两个概念解释为包含语言喜好，将是对其日常和惯用意思的歪曲，也意味着在公约中附加了本身不存在的内容。[81]

在法院看来，《欧洲人权公约第一议定书》第 2 条绝没有意图保护父母使其子女接受一种非官方语言教育的权利。在缺乏更明晰语言的情况下，《欧洲人权公约》第 14 条，当与第一议定书第 2 条一起理解的时候，没有保证少数群体成员有根据其选择的语言接受教育的权利。法院对第 14 条的狭义解释，是由于其认可比利时政府的目标，即作为一项合法政策，在全国大多数地区使用单一语言，这是在比利时的自由权限内。讲法语的少数者所遭受的待遇在法律上不足以构成主观的歧视。欧洲人权法院的推理已经被批评为在导向上是属于支持同化主义而反对多元主义的。[82]事实上，欧洲人权委员会发现，比利时教育语言政策在几个方面是属于同化主义的，因为它们的设计使在荷兰语区的法语少数者放弃了其语言。⑧

　　欧洲人权法院在比利时语言案中的裁决效果已经在某种程度上被欧洲共同体新近的立法和行政发展所减弱。这些发展的加速在一定程度上是由于欧共体内的劳工流动以及组成欧共体的各国有大量不讲官方或主流语言的公民存在。⑧根据1977年《欧共体理事会关于移民工人儿童教育的指示》⑧的序言，该指示的公布是为了改善欧洲经济共同体内的工人流动自由，并出于主要"以方便他们可能再融入出身国"的视角，承认移民工人子女接受母语教育的愿望。该指示第3条规定了母语教学的问题，内容如下：

　　成员国，应根据其国家情况和法律制度，与第1条所指的儿童的出身国合作，在师范教育的协同下，采取适当措施来促进其母语与出身国文化的教学。

　　第1条将该指示所指的儿童定义为："在原籍国法律下义务入学的儿童，是一位成员国国民工人的受赡养者，并居住于该国民正在或已经被雇用而从事工作的另一成员国的领土内。"尽管该指示的受益者明确被限定于欧共体成员国国民的子女，但其条文并未指明这些儿童应接受多少教学。

　　在20世纪80年代，迫于少数者语言使用者的压力，欧洲议会通过了一些意在保护少数者语言权利的决议。其中最重要的一项决议——1987年10月30日通过的"库伊帕斯"（Kuijpers）决议——"建议成员国采取教育措施，包括……在一些语言区，在大学教育和继续教育中设立使用该地区少数者语言教学的预科学校，以彰显其与官方语言教学的同等出发点"。鉴于欧洲议会的决议对成员国没有拘束力，其价值更多的在于创造一个氛围，使人们意识到该问题并对其展开讨论，同时潜移默化地对成员国国内政策有所影响。⑧欧洲安全与合作会议近来也涉及在此领域制定不具拘束力的标准。欧洲安全与合作会议《关于人类向度的哥本哈根会议宣言》第34条详述："参加国应当努力确保属于少数民族的人……有充分机会接受母语教学或以母语进行的教学……与可适用的国内立法相一致。"第32（3）条还承认属于少数民族的人有从事以其母语进行宗教教育活动的权利。在1991年于日内瓦举行的欧洲安全与合作会议少数民族专家会议上，参加国指出，一些参加国根据少数民族的数量、地理分布类型及文化传统，向属于少数民族的人提供以其母语进行的多类型与层次的教育，通过这些以及其他的措施，已经取得了积极的结果。

欧洲委员会部长理事会通过的《欧洲地区性或少数者语言宪章》[㊹]，表明了欧洲承认少数者教育语言权更加坚定的立场。该宪章的序言宣布："在私人以及公共生活中使用地区性或少数者语言是一项不可剥夺的权利。"在该宪章中，"地区性或少数者语言"一词，根据其第1（a）条的规定，意指一种语言：

（ⅰ）传统上被一个国家的在数量上小于该国剩余人口的民族在该国的特定地区使用，并且

（ⅱ）不同于该国的官方语言；

[但是]不包括……移民语言。

《欧洲地区性或少数者语言宪章》第9条非常详细地规定了教育领域的少数者语言问题，涵盖了教育的所有层次和类型——学前教育、初等教育、中等教育、技术与职业教育、高等教育以及成人与继续教育。例如，其第9（1）（b）条规定，成员国在使用少数者语言的地区承担如下职责：

（ⅰ）确保在整个初等教育阶段可提供相关地区性或少数者语言的使用；

（ⅱ）确保初等教育的实质部分可提供相关地区性或少数者语言的使用；

（ⅲ）在初等教育中提供相关地区性或少数者语言的教学，使之作为课程体系的内在组成部分；

（ⅳ）或者至少将上述（ⅰ）到（ⅲ）提到的措施应用到那些有此需求的家庭的学生或数量达到一定规模的学生。

然而，这些多样的选择证明，在实现少数者教育语言权的时候，政府保留了极大的自由裁量权。第9（1）（g）条也要求成员国采取措施确保由地区

性或少数者语言所反映的历史与文化的教学。该宪章通过专家委员会监督下的各国报告机制得以贯彻。[88]

欧洲议会 1994 年的《保护少数民族框架公约》[89]承认属于少数民族的人有权学习他们的少数者语言，并且在少数者地区有权获得以少数者语言进行的教学。该公约认为成员国有义务在教育领域采取措施增进对少数者文化的理解，并承认这些人有权设立和管理他们自己的私立教育与培训机构。[90]

结论

除欧洲的地区性人权制度以外，现有的国际及地区性的人权文件尚未充分地保护少数群体成员在教育领域的语言权。[91]让政府接受对少数者语言教育进行财政支持是其义务还为时尚早。其部分原因在于这样一个假设，即母语教学基本上是少数者社区自己的责任。只有将其视为一项义务时，政府才会考虑更多积极的支持措施，例如免费提供或资助学校用地，提供用于书籍及设备的补助金或无息贷款，以及对师资训练的扶持。

1987 年，一个关于人权与文化权利的国际论坛在巴西的累西腓举行。该论坛认为有必要为保护及促进少数者的语言权制定具体的国际标准。[92]该论坛通过的《累西腓宣言》确认"需要为个人和群体的语言权利提供法律保证"，并建议"联合国逐步通过并实施一项关于语言权利的世界宣言"。同时通过的《语言权利决议》还确认，每个儿童都有充分学习他/她所在群体的语言的权利，以及学习他/她所居住国家的至少一种官方语言的权利。鉴于针对少数者权利莫衷一是的实际状况以及在教育领域贯彻这类权利而给政府带来的潜在花费，在此领域出台明确的国际标准还需假以时日。

结论

许多因素都在持续地影响少数者儿童在教育领域获得平等的机会。这些因素包括但不止下列各项：经济社会发展水平和少数群体的地理位置抑或密集度，他们较低的社会地位与社会主流群体的历史偏见，以及他们实际上的隔离程度。[93]显然，提供少数者语言与文化的教育并非仅需中立的资源。人道主义的、财政的和物质的资源都是必需的。必须找到合适的教科书的作者和翻译者，必须在边缘化的少数者经常生活的偏僻地方提供交通便利的学校。[94]

必须将有关人员（最好是该少数群体中的人）培训为教师。国家和少数者社区提供这些必需条件的能力将取决于他们自己的有限资源和其他被优先关注的事项。

除了经济与财政的限制，当代的"大众教育"现象是另一个抑制少数者教育权的重要因素。许多国家都直言不讳地指出，其教育制度的基本目的是促进民族团结。为达成该目的而对适龄儿童进行的大众教育，其发展已经在促进国家内部的整合和一致方面发挥了重要的作用。⑮在教育领域中，为了确保所有成员都具有统一的文化背景，并在下一代中改善种族关系，表面上看这种同化哲学是有吸引力的。⑯但是，正如一位评论者指出的，"这样的同化政策可能被政府用于遗忘某些语言和语言体系并且抑制宗教和文化的认同、生活方式以及知识类型"⑰。土耳其就是一个著名的例子，其实施了一项高度集权的教育制度，非常清楚地强调民族团结，却以库尔德人独有的历史与文化认可为代价。⑱

正如本章早前已经讨论的，国际人权法承认教育不仅是一项普遍的和基本的人权，而且是少数者权利的重要组成部分。然而，与受教育权本身不同，少数者的受教育权更多是在"软法"文件中被充分规定，如联合国大会决议和欧洲安全与合作会议。⑲下一个阶段的发展将是把这些权利明确规定在一个有关少数者权利的公约当中。可被纳入这一公约的一些权利以及相关的问题可能包括：

（1）从属于少数群体的人的前景出发，其应有获得以其母语教学或教授母语的权利，以及获得包含其历史、传统与文化的普通课程的权利。相应的，少数群体成员有权利也有义务学习主流文化与国家语言。

（2）从属于主流民族群体的人的前景出发，国家应当引入教育措施，鼓励认识并尊重至少是主要少数民族的历史、传统、文化、贡献与语言。

（3）少数群体的教育项目应当在与其合作中得到发展和实施。少数群体在参与教育政策制定与课程发展中的代表权应当被承认。欧洲安全与合作会议于1991年7月19日在日内瓦举行的关于少数民族的专家会议指出，"少数者的代表参与建议和决策组织，特别是在教育方面"可以取得积极的结果。

（4）教师必须在课程内容以及他们带入教室的态度两个方面得到培训。这包括从少数群体中挑选教师，在师资培育机构使用少数者语言，教育非少数者的教师理解少数者文化，提升在其教室内营造相互尊重和交换文化经验的气氛。[100]越南正致力于在其少数族裔中实现普遍的初等教育，作为这项努力的一部分，联合国儿童基金会近来支持该国政府发展培训模块为少数族裔学校的教师提供职前与在职培训。[101]

注 释：

① *P. C. I. J.*, Series B, No. 17, pp. 19, 21, 22 and 33.

② E/CN. 4/Sub. 2/384/Rev. I.

③ Capotorti Report, Add. I, *The Concept of a Minority*; U. N. Sales No. E. 78. XIV. 1.

④ P. Thornberry *Minorities and Human Rights Law* (1991) (A Minority Rights Group Report) 6.

⑤ 民族群体是将自身视为一个国家内具有鲜明特色的人民或民族，在该国家内早已具有对领土的历史要求（例如，土耳其的库尔德人）。

⑥ [1979] 2 N. Z. L. R. 531, 543.

⑦ S. Poulter *English Law and Ethnic Minority Customs* (1986) 161.

⑧ G. Verma and C. Bagley *Race, Educational and Identity* (1979).

⑨ B. Boutros-Ghali "The Right to Culture and the Universal Declaration of Human Rights" in *Cultural Rights as Human Rights* (Paris, U. N. E. S. C. O., 1970) (SHC. 68/XIX. 3/A), pp. 73 – 4.

⑩ H. Cullen "Education Rights or Minority Rights?" (1993) 7 *International Journal of Law and the Family* 143.

⑪ Id. 157.

⑫ P. Thornberry "Is There a Phoenix in the Ashes?: International Law and Minority Rights" (1980) 15 *Texas International Law Journal* 421.

⑬ H. Cullen op. cit., 158.

⑭ 参见 H. Cullen op. cit., *passim* for a discussion of these decisions.

⑮ 112 Great Britain T. S. 232.

⑯ J. Robinson *Were the Minorities Treaties a Failure?* (1943) 215 – 216.

⑰ 6 L. N. T. S. 190.

⑱ P. Thornberry "International Standards" in *Education Rights and Minorities* (1994) (A Minority Rights Group Report) 10.

⑲ 参见 P. Arajärvi "Article 26" in A. Eide et al *The Universal Declaration of Human Rights: A Commentary* (1992) 405, 406 – 407.

⑳ U. N. Doc. E/CN. 4/AC. A/3/ADD. 1, p. 409.

㉑ K. Halvorsen "Notes on the Realization of the Human Right to Education" (1990) 12 *Human Rights Quarterly* 341, 354 – 355.

㉒ P. Thornberry "International Standards" in *Education Rights and Minorities* (1994) 11. 尽管，一项关于在第 27 条的框架下允许这种少数者 "……拥有其民族学校、图书馆、展览馆及其他文化和教育机构" 的建议并未为人权委员会所接受: M. Bossuyt *Guide to the "Travaux Préparatoires" of the International Covenant on Civil and Political Rights* (1987) Martinus Nijhoff Publisher, Dordrecht, 494 – 5.

㉓ F. Capotori, U. N. Special Rapporteur, *Study on the Rights of Persons Belonging to Ethnic, Religious and Linguistic Minorities* U. N. Sales No. E. 91. XIV. 2, United Nations, New York (1991).

㉔ H. Cullen op. cit. , 148.

㉕ Arajärvi, op. cit. , 415.

㉖ 联合国教科文组织 1974 年《关于技术和职业教育的修订建议》规定了社会各领域（这可推定为包括少数群体）代表应参与有关教育政策的制定。

㉗ M. Nowak "The Right to Education" in A. Eide *Economic, Social and Cultural Rights* (1995) 189, 206.

㉘ 第 29 (2) 条并未得到一些代表的同意，这些代表认为该条款并未直接涉及对儿童权利的保护: Commission on Human Rights *Report of the Working Group on a Draft Convention on the Rights of the Child* E/CN. 4/1985/64 (3 April 1985) p. 19, para. 102.

㉙ Commission on Human Rights *Report of the Working Group on a Draft Convention on the Rights of the Child* E/CN. 4/1986/39 (13 April 1986) p. 19, para. 65.

㉚ Ibid.

㉛ Commission on Human Rights *Report of the Working Group on a Draft Convention on the Rights of the Child* E/CN. 4/1987/25 (9 March 1987) p. 13, para. 55.

㉜ 1992 年 12 月 18 日联合国大会第 47/135 号决议通过。增加少数民族权利的做法超越了《公民与政治权利国际公约》第 27 条。回顾一下《取缔教育歧视公约》，其第 5

（1）（c）条仅提及了民族少数者。

㉝ P. Thornberry "International Standards" in *Education Rights and Minorities*（1994）10, 12.

㉞《维也纳宣言和行动计划》第ⅡB. 2节第25条和第26条。

㉟ 增加着重。

㊱ H. Cullen op. cit., 150.

㊲ Opsahl in Roberston (ed.) *Privacy and Human Rights*（1973）230.

㊳ D. Harris, M. O' Boyle and C. Warbrick *Law of the European Convention on Human Rights*（1995）544.

㊴（1987）No. 11533/85, 51 DR 125.

㊵ Id. 128.

㊶ Series A, No. 23, 1976;（1979-80）1 E. H. R. R. 711.

㊷ Id. 729.

㊸ *Case Relating to Certain Aspects of the Laws on the Use of Languiges in Education in Belgium* Series A, No. 6（1968）.

㊹ P. Thornberry "International Standards" in *Education Rights and Minorities*（1994）10, 11.

㊺ Ibid.

㊻ I. Brownlie (ed.) *Basic Documents in International Law*（2 nd ed., 1981）320.

㊼ F. Capotorti *Study of the Rights of Persons Belonging to Ethnic, Religious and Linguistic Minorities*（1979）U. N. Doc. No. E/CN. 4/Sub. 2/384/Rev. 1, p. 60.

㊽ 参见 Chapter 3 for a discussion of U. N. E. S. C. O. 's Constitution.

㊾ Cmnd 6869 of 1977, para. 10. 11.

㊿ Capotorti, op. cit.（1979）, p. 84, para. 493.

(51) T. Skutnabb-Kangas *Language, Literacy and Minorities* (Minority Rights Group Report)（1990）6.

(52) Ibid.

(53) C. Jones and R. Warner "Language and Education" in *Education Rights and Minorities*（1994）18.

(54) Capotorti, op. cit.（1979）, p. 84, para. 495.

(55) S. Graham-Brown "The Role of the Curriculum" in *Education Rights and Minorities* (Minority Rights Group Report)（1994）27.

(56) Capotorti, op. cit. (1979), p. 88, para. 515.

(57) C. Jones and R. Warner, op. cit., 19.

(58) 参见如 *Education For All: Report of the Committee of Inquiry into the Education of Children from Ethnic Minority Groups* (Swann Committee Report) (United Kingdom), Cmnd 9453 of 1985.

(59) 对教育中使用少数者语言所涉及的困难更具体的讨论，参见 *The Use of Vernacular Languages in Education*, Monographs on Fundamental Education, No. Ⅷ (Paris U. N. E. S. C. O., 1953), pp. 50 – 54.

(60) D. Opekokew and A. Pratt "The Treaty Right to Education in Saskatchewan" (1992) 12 *Windsor Yearbook of Access to Justice* 3, 11. 作者将"文化"一词的含义描述为："文化是一种存在、思考和感觉的方式。它是鼓舞由共同的语言、风俗、习惯和经历连接在一起的一群人的动力。文化是专属一个群体的特征的总和并由其成员共同拥有。"

(61) (1990) 68 D. L. R. (4th) 69, 83.

(62) 在最近一次会议上，语言教育对跨文化学习及和平共存的贡献得以被强调：参见 G. Alfredsson (Rapporteur), *Report from the Conference on the Strengthening of Human Rights and Inter-Ethnic Communication in Times of Political and Economic Transition: The Baltic Experience*, 1994.

(63) Skutnabb-Kangas, op. cit., 6.

(64) C. Jones and R. Warner, op. cit., 19.

(65) S. Poulter *English Law and Ethnic Minority Customs* (1986) p. 172, para. 7.14.

(66) *Linguistic Diversity and Mother Tongue Teaching* (N. U. T., 1982).

(67) M. Yudof "Article 13 and 14-Right to Education" in H. Hannum (ed.) *U. S. Ratification of the International Covenants on Human Rights* (1993) 235, 239.

(68) W. McKean *Equality and Discrimination in International Law* (1983) 145.

(69) P. Thornberry "International Standards" in *Education Rights and Minorities* (1994) 10, 12.

(70) Capotorti, op. cit. (1979), p. 87, para. 513.

(71) Id. p. 88, para. 514.

(72) C. Jones and R. Warner, op. cit., 19.

(73) Skutnabb-Kangas, op. cit., 5 – 6.

(74) 对本点更详细的讨论和例证，参见 Cullen, op. cit., 170.

(75) Capotorti, op. cit. (1979), p. 85, para. 498.

⑯ Ibid.

⑰ Id. p. 88, para. 517.

⑱ Id. pp. 84 – 85, para. 497 and p. 87, para. 510.

⑲ Capotorti, op. cit. (1979), p. 87, para. 512.

⑳ *Cases Relating to Certain Aspects of the Laws on the Use of Languiges in Education in Belgium.* Judgement of the European Court of Justice (23 July 1968). Series A, No. 6.

㉑ Id. p. 32, para. 6.

㉒ Cullen, op. cit., 157.

㉓ 比利时语言案。Report of the Commission, Series B, No. 1, 329 and 335.

㉔ 到 1990 年，估计已达到 5000 万人口。参见 Skutnabb-Kangas, op. cit., 29.

㉕ 1977 年 7 月 25 日生效 (77/486/EEC)。《罗马条约》第 189（3）条宣布："对于要达到的结果，指令应对所针对的成员国有拘束力，但成员国当局可以选择形式和方法。"

㉖ Skutnabb-Kangas, op. cit., 29.

㉗ 1992 年 10 月 2 日开放签字和接受欧洲委员会成员国批准。

㉘ 参见第 16—18 条。

㉙ (1995) 34 I. L. M. 351 (1995 年 2 月 1 日开放签字).

㉚ 框架公约有关的条款如下：

第 12（1）条　在合适的情况下，成员国应在教育和研究领域采取措施，支持其少数民族和主要民族的文化、历史、语言和宗教知识。

第 12（3）条　成员国承诺促进少数民族成员在各级教育的入学方面的平等机会。

第 13（1）条　在其教育系统的框架内，成员国应承认少数民族成员有权设立和管理他们自己的教育和培训设施。

第 13（2）条　这种权利的行使不应增加成员国任何财政义务。

第 14（1）条　成员国承认少数民族成员有学习其少数民族语言的权利。

第 14（2）条　在少数民族传统居住区和主要居住区，如有充分需求，成员国应在其教育体系内，尽可能努力保证少数民族成员拥有学习少数民族语言或以这种语言接受教学的足够机会。

第 14（3）条　本条第 2 款的执行，应不损害官方语言的学习或以官方语言进行的教学。

㉛Skutnabb-Kangas, op. cit., 29.

㉜该研讨会由联合国教科文组织和国际跨文化交流协会组织。

㊲更多细节参见 Capotorti, op. cit. (1979), p. 61, paras. 349 and 350。

㊴C. Beyani "The Prerequisites of Education" in *Education Rights and Minorities* (1994) (Minority Rights Group Report) 14, 15.

㊵A. Phillips "Preface" in id. 5.

㊶Poulter, op. cit., p. 161, para. 7.01.

㊷S. Graham-Brown "The Role of the Curriculum" in *Education Rights and Minorities*, op. cit., 27.

㊸Id. 31. 另一个鲜活的例子是日本同化朝鲜少数者的政策：参见 Cullen, op. cit., 172.

㊹P. Thornberry "International Standards" in *Education Rights and Minorities*, op. cit., 10, 13.

⑩Graham-Brown, op. cit., 29.

⑩http：//www. unicef. org/crc/success/eap. html.

7. 土著人民的受教育权

引言

直到最近，国际法一直视土著人民为少数群体，因为如澳大利亚的土著，新西兰的毛利人，北美、中美及南美洲的印第安人，以及新喀里多尼亚的卡纳克人等，并不构成所在国人口的主体。因此，他们就享受国内法及国际文件给予少数群体的所有保护。直到 1979 年，卡波托尔蒂教授才在其《在人种、宗教和语言上属于少数群体的人的权利研究》中提到，土著群体通常构成所在国少数群体中最贫穷的部分。[①]然而，当前有一种日益增长的趋势，就是将土著人民视为个别话题。土著群体本身也倾向于与一般意义上的少数者划清界限，而更愿意将自己作为"人民"。

国际劳工组织对土著人民受教育权国际标准发展的贡献

在第二次世界大战后的人权时代，除国际劳工组织外，几乎没有政府间国际组织关注土著人民的权利；唯一明显的例外可能是于 1940 年成立的作为美洲国家组织专门机构的美洲间印第安人学会。[②]1957 年，国际劳工组织通过了《关于保护和融合独立国家的土著和其他部落以及准部落居民的公约》（第 107 号公约）。[③]正如一位评论者所指出的，该文件"反映了当时盛行的同化主义者的目标，而长期以来土著人民及其拥护者认为这是不充分且不适宜的"[④]。例如，其第 23（2）条规定，"应提供安排以从母语……逐渐过渡到国家语言"，而第 24 条将"传授一般知识和技能，帮助儿童融入本国社会"，作为土著居民初等教育的一项目标。[⑤]然而，在教育领域承认不歧视原则以及保护和促进土著母语的使用方面，第 107 号公约是一个重要的进展。

第 107 号公约第 16 条和第 21 条要求成员国采取措施，确保土著人民在获取各层次教育（包括职业教育）方面享有均等机会。第 23（1）条和第 23（3）条分别规定，应教授土著儿童以其母语阅读和写作，并且应采取适当措施保存这种母语。在土著人口居住区的经济发展计划中，其教育水平的提高被放在了"高度优先"位置（第 6 条）。同时，成员国必须在国内社会的其他领域采取教育措施，以消除可能对土著社会成员存在的偏见（第 25 条）。

土著人组织一直强烈反对第 107 号公约。以现代标准来看，这项文件具有非常强的监护性，在尽可能保护土著文化（其被当成现代化的临时障碍）的同时致力于整合土著社区。[⑥]1986 年，联合国防止歧视和保护少数小组委员会特别报告员何塞·马里内斯·科博（Jose R. Marinez Cobo）撰写了一份报告，该报告的题目为《对土著居民的歧视问题的研究》。[⑦]作者认为，所调查各个国家的教育系统存在以下的不足：

——在相当多的情况下，土著社区里面或附近仍无学校；

——具备必要相关土著语言和文化知识的教师少之又少；

——在很多情况下，仍无可能使用土著母语学习阅读和写作；

——对土著文化的学习重视不足；

——在教授土著儿童官方语言时，没有足够的措施防止他/她与土著母语切断联系；

——对土著学生的援助项目贫乏；

——土著人使用的教育材料所宣称的目的仍然是通过迫使土著人放弃自身文化而将其系统地融入主流社会；

——在抵制对土著群体的偏见、消除学校教科书中对他们的攻击性描述以及提供有关土著群体的准确知识方面做得不够；

——很多国家在保证土著群体有机会参与土著社区中教育机构的设立和管理方面做得很少。[⑧]

特别报告员除指出这些具体问题外，还得出以下综合结论：

——土著人民的受教育权未得到适当的保护和遵守；

——国家经常不承认传统土著教育，时常通过正式的外来或异化的教育程序代替它而有意取消它；

——尽管在土著人有效进入各种及各层次公共教育方面有重大进展，但这种教育仍旧具有剥夺土著学生学习土著事务的明显特征。⑨

科博得出结论认为，在各国越来越接受文化及语言多元的背景下，这种情势在任何情况下都是不合理的。⑩

第107号公约的缺陷以及科博的研究引起了国际劳工组织内部对一项在更大程度上振奋土著人民志气的公约的兴趣。在美洲间印第安人学会以及联合国教科文组织等的帮助下，国际劳工组织起草了《土著和部落人民公约》（第169号公约）。国际劳工组织大会于1989年6月27日通过了第169号公约，该公约于1991年9月5日生效。第169号公约序言部分的一些段落揭示了该文件的目的。序言第4段提到，国际法的最新发展以及土著人民的现状使通过新的国际标准变得适宜，以剔除早前包含在1957年第107号公约标准中的"同化主义者导向"。序言第5段提到了土著人民的愿望，即能对其机构、生活方式进行控制，并在居住国维持和发展他们的身份、语言和宗教。

就操作条款而言，第六部分——"教育和交流途径"整个一部分都致力于土著人民的受教育权，其第26条在措辞上重复了第107号公约的第21条，但在"与国家社会中的其他人同等地"前增加了"至少"。这就默认成员国在适当情况下自主使用"积极性行动"（affirmative action）。在赋予土著人民在教育领域更大的自治及自决权方面，第27条是最重要的条款，其内容如下：

1. 有关民族的教育计划和教学应在他们的合作下制订与实施，以求针对其特殊需要，并应结合这些民族的历史、他们的知识和技术、他们的价值体系以及对经济、社会和文化的深层期望。

2. 主管当局应确保要对这些民族的成员进行培训并要保证让其参与教育计划的制订与实施，以期在适当时机将执行这些计划的责任逐步移交给这些民族。

3. 此外，各政府应承认这些民族建立本民族的教育制度和设施的权利，只要这些制度达到主管当局经与这些民族磋商后所制定的最低标准。政府亦应为此种努力提供适量资金。

第 27 条的重要性至少体现在四个方面:第一,它提高了土著人民在与其有直接影响的决策中的参与程度;第二,它规定了土著人教育计划内容的一般性框架;第三,对教育计划更大的责任和管理转交给了土著人民;第四,不同于欧洲关于少数者权利的文件以及 1960 年联合国教科文组织的《取缔教育歧视公约》,各国将提供适当的财政和其他资源,以使土著社区可以建立自己的教育机构。

第 28 条规定的是土著人的教育语言权利,其基础是第 107 号公约中相应的第 23 条。如同第 23(1)条,第 28(1)条要求教授土著儿童以他们自身的土著语言进行阅读和写作。不同于第 23(2)条要求逐渐从母语过渡到官方语言,第 28(2)条仅要求采取充分的措施,保证这些民族有机会流利地掌握所在国的语言。第 23(3)条仅要求采取适当措施保存母语,而第 28(3)条则不仅要求采取措施保存土著语言,还要推动其发展和使用。

第 29 条确定对土著儿童进行教育的目的为:传播一般的知识与技能,使其能够平等地充分参与他们自己社区以及国家的社会生活。相反,第 107 号公约第 24 条,将融入本国社会作为传播这种知识与技能的目标。很明显,前者对融合关注得少而对确保机会公平关注得多。最后,第 31 条实质上重复了第 107 号公约的第 25 条,但目的方面增加了第二句话:努力保证历史教科书和其他教材都能公正、准确地描述土著人民的文化。这种情况,让我们回想起 1965 年《消除一切形式种族歧视国际公约》第 7 条的部分规定,即:"缔约国承诺立即采取有效措施尤其在讲授、教育、文化及新闻方面以打击导致种族歧视之偏见……"更具体来说,1974 年联合国教科文组织《关于促进国际了解、合作与和平的教育以及关于人权与基本自由的教育的建议》中的原则 39 鼓励会员国"保证教育资助,特别是教科书应避免出现对其他群体或民族导致误解、不信任、种族主义反应、鄙视或仇恨的因素"。显然,第 169 号公约与前述文件相比,具有较少的控制性和融合主义特征。

联合国对土著人民受教育权国际标准发展的贡献

为了响应科博的研究,也为了对第 107 号公约引起的越来越大的不满以及非政府组织(包括土著群体)逐渐增大的压力做出回应,联合国于 1981

年设立了防止歧视和保护少数小组委员会土著居民问题工作组。该工作组审查有关土著人人权保护的进展，并负责发展土著权利保护的国际标准。[①]

自 1982 年联合国土著居民问题工作组开始起草《土著人民权利宣言草案》以来，土著民族的法律保护与少数者保护沿着不同的轨迹在发展。经过 13 年的工作，以及诸多土著代表和组织的贡献，该工作组在其 1994 年的会议上通过了《土著人民权利宣言草案》并将其提交给防止歧视和保护少数小组委员会。在 1995 年的第 51 届会议上，该小组委员会通过了《土著人民权利宣言草案》并将其提交给联合国人权委员会。只有并且在当人权委员会通过后，《土著人民权利宣言草案》将会被提交给经济和社会理事会，从那里再被提交到联合国大会。联合国大会通过后，《土著人民权利宣言草案》将会确立不具有强制力的土著人民权利的国际标准。（联合国已于 2007 年 9 月 13 日通过《土著人民权利宣言》，第 14 条和第 15 条是关于教育的条款，基本沿用了宣言草案的内容。——译注）除其他外，《土著人民权利宣言草案》敦促对土著人民身份和机构以及自管原则的尊重，承认土著人民的自决权以及免受种族灭绝的权利，认可其与众不同的与土地的精神联系，允许各国采取积极措施以维持土著人民身份。

《土著人民权利宣言草案》中三项具有操作性的条款规定的是土著人民的受教育权。第 31 条确定了一项重要原则，即：土著人民在包括教育在内的内部和本地事务上有自治的权利。第 15 条和第 16 条更为详细：

第 15 条

土著儿童有权获得国家提供的所有层次和形式的教育。所有土著人民也都拥有这种权利，有权建立和掌管他们的教育制度和机构，以自己的语言和适合其文化教学方法的方式提供教育。

生活在土著社区以外的土著儿童有权获得以自己的文化和语言提供的教育。

各国应采取有效措施，为这些目的提供适当资源。

第 16 条

土著人民有权维护其文化、传统、历史和愿望的尊严和多样性，他们的文化、传统、历史和愿望应在教育和公共信息中得到适当体现。

各国应与有关的土著人民协商，采取有效措施，消除偏见和歧视，促进土著人民与社会所有阶层之间的宽容、了解和良好关系。

第 15 条规定了四项重要原则：第一，土著儿童和人民受教育的权利；第二，土著人民建立和掌管他们的教育制度和机构的权利；第三，土著人民以其自身语言提供教育的权利；第四，国家要支持行使这些权利。然而，第 15 条在两方面相当独特。第一，不同于前一章讨论的国际和地区文件，第 15 条要求各国采取有效措施提供适当资源，以帮助实现这些目的。"适当资源"应包括财政、技术、物质及人力资源。第二，不同于《取缔教育歧视公约》第 5（1）（c）（ⅱ）条、《经济、社会及文化权利国际公约》第 13（4）条以及《儿童权利公约》第 29（2）条，《土著人民权利宣言草案》第 15 条没有提及土著教育机构必须符合最低国家标准的要求。

土著人民建立和掌管其自身教育制度和机构的权利可能具有解放性的意义。例如，在秘鲁土著人中，西方取向的教育被很多人认为是外来语言和文化的强加，这导致土著身份的丧失。[12]智利的马普切人（Mapuche）经历了相似的遭遇，第 15 条可给予他们的"Mapuche Kimu"——一种包含对传统智慧、价值和技艺的土著教育制度更大的尊重。[13]

同样，土著人民以自己的语言进行授课的权利将防止其身份的进一步丧失。之前大多数国家遵行的政策都基于这样一个假设，即：土著文化和语言将自然消失或被国家文化同化而消失。几乎所有国家在教育的初始阶段都不允许教授土著语言或以土著语言进行授课，担心这样会导致语言孤立以及极端的政治和社会分裂。[14]当代专家已对将土著语言纳入学校课程表导致的假定不良后果提出疑问。事实上，《土著人民权利宣言草案》第 15 条可能意味着需要越来越承认土著人民居住国的多语言和多元文化特征。几十年以来，澳大利亚政府的政策是，居住于以土著社区为主的土著儿童应接受以其自身语言为教学语言的早期教育。政府已提供资金用于支持土著语言工作和双语教育项目。[15]在秘鲁，被称为"盖丘亚族语"（Quechua）的土著语言自 1976 年以来与西班牙语一样被承认为官方语言，并在各级教育中被强制教授。[16]《土著人民权利宣言草案》第16条开头规定了土著教育的总体和最低内容。正如联合国土著居民问题工作组前主席所指出的："关于价值、自治或自管、社会组织、管理生态系统、维护人民之间的和谐以及尊重土地的传统知识深藏于艺术、歌曲、诗歌和文学中，必须为后世土著儿童学习和更新。"⑰

在此背景下，需要简要提及《儿童权利公约》第30条。其中部分规定，"在土著出身的人存在的……国家，作为土著人的……儿童不应与社会中其所属团体的其他成员被剥夺享有其自身文化或使用其自身语言的权利"。正如在第6章所指出的，《儿童权利公约》中没有规定明确承认土著人为一般教学的目的使用其自身语言的权利。四方理事会——一个非政府的土著人组织，试图在现在的第30条中纳入承认土著儿童"至少在初级阶段有以其父母的语言及国家的一种官方语言……接受教育"的权利，但未获成功。⑱一个将教育、语言和文化连接起来的珍贵机会丧失了。一位土著代表最近发现了这种疏忽的严重后果：

在学校中禁止土著语言……[移除了]文化传播的最根本载体。想一下你自身的文化传播和你自身的文化活动多么依赖于你的本地语言、你的母语。将她移除就是使其成为文化孤儿；落于一个没有熟悉地标的国家，并且没有方向。⑲

国内发展

一些国家正在付出更大的努力为土著教育制订专门计划和材料。那些证明在满足土著人具体需要方面最成功的计划和材料都是由种族学家、土著社区领袖和其他专家直接参与制订的。⑳一些国家尽可能从土著社区中征募进行土著教育的教师，在其社区内部或在专门的大学教师培训项目中向他们提供专门培训，以使他们能够在自己的社区教学。㉑

一些国家，包括加拿大和美国，现在承认土著社区建立和管理其自身教育机构的权利。在这两个国家，土著学校由当地土著社区管理和掌控，由国家提供部分资金。㉒美国在这方面的政策是特别具有远见的。其国会承认印第安人自决的合法性以及印第安人独特的教育需要，包括满足其语言和文化愿望的计划，这已促成自 20 世纪 60 年代后期以来支持印第安儿童在印第安部落组织管理的学校接受教育的立法和行政措施。1975 年《印第安人自决和教育协助法》[23]要求内务部长，只要印第安部落要求，就应执行规定，从而使部落组织管理先前由内务部管理的印第安项目。1988 年《印第安人教育法》向非印第安学校提供财政支持，以使其能够为印第安学生提供文化项目和服务。国会也通过了 1990 年《美洲土著人语言法》，执行保护印第安人语言的政策。该法的序言提及美国土著语言和文化的特殊地位，以及国家有责任与美国土著一同行动以保护其生存。国会有关"美国土著的传统语言是其文化和身份的组成部分，构成美国土著文化、文学、历史、宗教、政治机构和价值传播以及生存的基本媒介"的观点，也被记录在案。[24]

结论

尽管近来土著人民权利的发展沿着一条不同于少数民族群体成员发展的路线前行，但作者在前章结束时关于少数民族群体权利的结论一般也适用于前者的情况。然而，总的来说，直至《土著人民权利宣言草案》在联合国大会通过，对土著人民教育权利的保护仍将落后于对少数群体教育权利给予的承认。

注 释：

① (1979) U. N. Doc. No. E/CN. 4/Sub. 2/384/Rev. 1, p. 88, para. 516. See also Commission on Human Rights *Report of the Working Group on a Draft Convention on the Rights of the Child* E/CN. 4/1989/48 (2 March 1989) p. 86, para. 487.

② H. Hannum (ed.) *Documents on Autonomy and Minority Rights* (1993) 102.

③ 1957 年 6 月 26 日签署；1959 年 6 月 2 日生效。公约案文可在 328 U. N. T. S. 247. 中找到。当 1991 年国际劳工组织《土著和部落人民公约》（第 169 号公约）生效时，第 107 号公约停止接受批准，并对批准后一公约的国家不再生效。

④ Hannum, op. cit., 8.

⑤ 第 107 号公约（根据第 1 条）适用于：

(a) 独立国家内部落或准部落人口成员，其社会和经济条件相比国家其他部分处于欠发达阶段，并且这种地位全部或部分是由其风俗或习惯或者特别法律和规章规定的。

（b）独立国家内部落或准部落人口成员，其由于是征服或殖民时代原居住于该国或者属于该国的一个地理区域人口的后代而被认为是土著，同时不论其法律地位如何，其生活更符合原生的社会、经济和文化机制而非其所属的国家机制。

⑥P. Thornberry *Minorities and Human Rights Law*（1991）（Minority Rights Group Report）18.

⑦E/CN. 4/Sub. 2/1986/7/Add. 4.

⑧Id. p. 10, paras. 97, 98, 106, 107 and 108.

⑨Id. p. 9, paras. 89 – 91.

⑩Id. p. 9, para. 92.

⑪Hannum, op. cit., 102.

⑫S. Graham-Brown "The Role of the Curriculum" in *Education Rights and Minorities* （1994）（Minority Rights Group Report）27.

⑬Paper entitled *Status of Mapuche Education in Chile*, 1993 World Indigenous People's Conference: Education.

⑭Cobo, op. cit., p. 11, para. 121.

⑮Capotorti, op. cit., p. 86, para. 510.

⑯Decree Law 21 156（1976）, Articles 1 and 2.

⑰Erica-Irene Daes *Discrimination Against Indigenous Peoples: Study on the Protection of Cultural and Intellectual Property of Indigenous Peoples* Economic and Social Council Paper E/CN. 4/Sub. 2/1993/28（28 July 1993）para. 4.

⑱Commission on Human Rights *Report of the Working Group on a Draft Convention on the Rights of the Child* E/CN. 4/Sub. 2/1986/39（13 March 1986）p. 13, para. 65.

⑲M. Dodson, Australian Aboriginal and Torres Strait Islander Social Justice Commissioner, *Cultural Rights and Educational Responsibilities*, The Ninth Frank Archibald Memorial Lecture delivered at the University of New England, Armidale, New South Wales on 5 September 1994, p. 10.

⑳Cobo, op. cit., p. 10, paras. 100 – 101.

㉑Id. p. 11, paras. 117 – 118.

㉒Id. p. 11, paras. 112.

㉓Public Law 93 – 638, 4 January 1975, 88 Stat. 2203（codified at 25 U. S. C. A. ss. 450 – 450n, 455 – 458e）.

㉔详情请参见 D. Opekokew and A. Pratt "The Treaty Right to Education in Saskatchewan" （1992）12 *Windsor Yearbook of Access to Justice* 3, 14 – 19.

第三部分　人权教育

8. 人权教育

如果人权不被了解，它是不可能被保护的；如果人权不被教授，它是不可能被了解的。[①]

引言

了解人权的人能更好地主张人权。[②] 早在 1789 年，法国议会就在《人权宣言》序言的声明中确认了这一点：

组成国民议会的法国人民的代表们认为，不知人权、忽视人权或轻蔑人权是公众不幸和政府腐败的唯一原因，所以决定把自然的、不可剥夺的和神圣的人权阐明于庄严的宣言之中，以便本宣言可以经常呈现在社会各个成员之前，使他们不断地想到他们的权利和义务……

尽管在第二次世界大战前，将公民自由作为宪法的分支已经开始在大学里讲授，但人权教育还是在联合国成立后才有了更大发展。

人权教育的目的有多种表述：人权教育是创造普遍人权文化的重要途径[③]；是个人和群体寻求其权利和自尊的前提[④]；能够提升和实践人权标准并促进种族、民族和宗教关系的发展[⑤]；是更充分实现人类潜能的手段[⑥]。联合国教科文组织 1993 年 3 月在加拿大蒙特利尔召开的人权与民主教育国际大会上声明，人权教育既是实现其他人权、民主和社会正义的前提条件，同时其自身也是一项人权。[⑦]

联合国对人权教育权的确认

《联合国宪章》第 1 条所列的目标之一是"在促进和鼓励尊重人权"方面实现国际合作。宪章第 55（c）条通过要求联合国"促进无差别地普遍尊重和遵守对所有人的人权和基本自由"，再次强调了第 1 条的内容。

然而，人权教育正式被明确表达出来还是在《世界人权宣言》当中。在其序言的声明中，联合国大会宣布，《世界人权宣言》"作为所有人民和所有国家努力实现的共同标准，以期每一个人和社会机构经常铭念本宣言，努力通过教学和教育促进对权利和自由的尊重"。在操作性条款方面，宣言第 26（2）条规定："教育的目的在于……加强对人权的尊重。"⑧在 1948 年 12 月 10 日的第 217D（Ⅲ）号决议中，联合国大会建议会员国使用一切手段公布《世界人权宣言》的文本，并将其翻译成各种文字在学校和其他教育机构中散发。联合国经济和社会理事会随后在 1950 年 7 月 24 日的第 314（Ⅺ）号决议中，邀请联合国教科文组织来鼓励并促进在学校和成人教育项目中教授人权宣言。

1965 年 12 月 7 日经由联合国大会第 2037（XX）号决议通过的《关于促进青年人和平、互敬和人民之间理解之理想宣言》中的原则Ⅲ指出，应教育青年尊重基本人权。⑨《消除一切形式种族歧视国际公约》第 7 条在这个方面尤为重要。其规定：

缔约国承诺立即采取有效措施，尤其在讲授、教育、文化及新闻方面，以打击导致种族歧视之偏见，并增进国家间及种族或民族团体间的谅解、宽恕和睦谊，同时宣扬《联合国宪章》之宗旨与原则、《世界人权宣言》……以及本公约。

人权教育的话题构成了 1968 年在德黑兰举行的国际人权会议的部分内容。1968 年 5 月 12 日，该会议通过了题为《教育青年尊重人权和基本自由》的第 XX 号决议。⑩在该决议中，大会号召所有国家"确保采取一切教育手段使青年人在没有种族、肤色、语言、性别或信仰歧视，在尊重人性尊严和平等权利的精神中成长和发展……"联合国教科文组织被邀请"开发一些教育课程，以使儿童在入学之初就对尊重人类尊严和权利有所了解，并使《世界人权宣言》的原则在所有层次的教育中成为主流……"

《残疾人权利宣言》⑪第 13 条规定："残疾人、其家庭和社区，应通过各种适宜的手段，被充分告知本宣言所载的权利。"在《残疾人权利宣言》公布一年之后，联合国人权委员会在 1976 年 2 月 11 日的第 1B（XXXII）号决议中，建议联合国各相关部门、专门机构、非政府组织和各国政府，在其各自权限范围内，采取多样的措施促进青年参与人权，包括"无论是在初等、中等或职业教育阶段，发展在各种教育制度中使用的关于人权的专门课程，……并研究在大学中介绍关于人权的专门课程的可能性……"

一些规定特定群体的联合国人权文件也包含了相关人权教育的内容。为了努力确保妇女在教育领域与男性获得平等的权利，1979 年《消除对妇女一切形式歧视公约》第 10 条要求缔约国采取适当措施消除"在各级和各种方式的教育中对男女任务的任何定型观念……通过修订教科书和课程以及相应地修改教学方法……"相似的，在关于"对妇女使用暴力问题"的第 19 号一般性建议中，消除对妇女歧视委员会号召采取"预防性的措施，包括公共信息和教育课程来改变关于妇女角色和地位的态度"。⑫此外，1989 年《儿童权利公约》第 29（1）（b）条也记录了缔约国达成儿童教育应以对人权和基本自由的尊重为导向的共识。

1993 年是联合国在人权教育上的标志性年度。在 1993 年 3 月 9 日的第 1993/56 号决议中，人权委员会建议"人权知识"无论是理论层面的还是操作运用层面的，都应在教育政策中被确立为优先事项。1993 年 6 月在维也纳召开的世界人权大会通过的《维也纳宣言和行动计划》，是一个对人权教育予以最重要也是最综合认可的文件。其第 33 条部分规定：

世界人权会议重申，依照《世界人权宣言》和《经济、社会及文化权利国际公约》以及其他国际人权文件，各国有义务确保教育的目的是加强对人权和基本自由的尊重。世界人权会议强调在教育方案中加进人权主题的重要性，并号召各国都采取这样的做法。……从理论和实践上开展人权教育，传播适合的资料，对于促进和尊重无种族、性别、语言或宗教差别的所有个人的人权，可以发挥重要作用，应融入国家和国际层面的教育政策中。⑬

然而，第33条所做的结论——"资源紧张、体制不健全，都可能成为迅速实现这些目标的障碍"——却有些许退步。与此相应，第34条敦促政府"大力加拨资源给那些旨在建立和增强人权意识的培训、教学和教育项目"。

《维也纳行动纲领》包含有专门规定人权教育的一节内容（ⅢD）。其中，第78条提到世界人权大会的观点，即人权教育是培养相互了解、容忍与和平的基本要素。在第79条，世界人权大会号召所有政府和机构"将人权、人道主义法、民主和法治作为学科纳入所有正式和非正式教学机构的课程"。第81条还敦促各国"制订具体方案和战略以保证最广泛地进行人权教育"。第82条，也是这部分的最后一条，其中部分规定：

> 各国政府应在政府间组织、国家机构和非政府组织的协助下，促进对人权和相互容忍的认识。世界人权会议……强调有必要加强联合国开展的世界人权公众宣传运动。它们应发起和支持人权教育，有效地散发这一领域的公众宣传资料。联合国系统的咨询服务和技术援助方案应能够立即响应各国的要求，帮助它们进行人权领域的教育和培训活动，以及关于各项国际人权文件和人道主义法所载的标准，并将这些标准适用于军队、执法人员、警察和医疗专业人员的专门教育活动。

第82条的最后一句话则力促考虑宣布一项联合国人权教育十年计划。

在人权教育方面，1993年还有两个更进一步的发展。在第48/141号决议中，联合国大会授权联合国人权事务高级专员协调人权领域的联合国教育与公共信息相关项目的职责。在第48/127号决议中，联合国大会在序言中表明"人权教育是一项普遍优先权"的观点后，要求人权委员会考虑宣布联合国人权教育十年计划的提议。在同一号决议中，大会呼吁所有政府努力使其教育以加强对人权的尊重为导向，并敦促政府或非政府的教育机构要像维也纳行动计划所建议的那样，着力加强建立和实施人权教育的课程。在第

1994/51 号决议中，人权委员会赞成上述的人权教育十年计划的动议。随后联合国大会第 49/184 号决议正式宣布联合国人权教育十年计划自 1995 年 1 月 1 日开始。在此决议中，联合国大会要求联合国人权事务高级专员协调指挥《联合国人权教育十年行动计划（1995—2005）》[13]的实施，并敦促政府或非政府教育机构执行人权教育的国家项目。同时，大会还呼吁非政府组织、人权提倡者、教育者、宗教组织和媒体加强其对正式或非正式人权教育的参与。

联合国专门机构对人权教育的贡献

在对发展人权教育做出过贡献的联合国各专门机构中，国际劳工组织和联合国教科文组织是最为突出的。提到国际劳工组织，1958 年《关于歧视〈就业及职业〉公约》（第 111 号）第 3（b）条要求缔约国采取措施"推行教育项目以确保对［旨在促进就业及职业的机会与待遇平等的国家政策］的认可和遵行"。1989 年国际劳工组织的《土著和部落人民公约》第 30 条和第 31 条在一定程度上规定得更为详细：

第 30 条

（1）各政府应采取符合有关民族的传统及文化的措施，使他们了解他们的权利和义务，特别是有关劳动、经济机会、教育与医疗卫生、社会福利及本公约所赋予他们的权利。

（2）必要时，可以采用笔译的方法或通过使用这些民族的语言进行群众交流的方式来进行这一工作。

第 31 条

应采取措施对国家社会和各部分人进行教育，特别要在与有关民族直接接触最多的人中开展这一工作，以消除他们对这些民族可能怀有的偏见。为达此目的，应做出努力以保证历史教科书和其他教材都能公正、准确并富于教益地描述这些民族的社会与文化。

前面曾提及[15]，《联合国教育、科学及文化组织组织法》[16]第 I（1）条所列的该组织的目标之一是："为加深对人权……的普遍尊重……通过加强国家间在教育、科学和文化方面的合作为和平及安全做出贡献。"因而不足为奇，鼓励在学校中进行人权教学的动议已经成为联合国教科文组织促进对联合国的国际理解和教学的教育项目中的核心组成部分。这些动议包括对教学方法和内容的研究，举办国际和地区论坛与会议，以及对教科书的发行和修订[17]，还有在联合国开发计划署资助下对会员国和师资培训机构提供咨询服务。[18]联合国教科文组织还对发展中国家的教育机构准备人权项目提供财政资助。

一项早期的联合国教科文组织的动议采取了 1951 年的一项调查形式，该调查也为 1952 年在荷兰举行的人权教学国际论坛奠定了基础。最终结果是 1953 年联合国教科文组织出版了《人权教育世界宣言：教师指南》，该书包含了有关人权教学的操作性建议。联合国教科文组织在人权教育领域的一系列动议是在 20 世纪 70 年代展开的。依照 1973 年 4 月 3 日的第 17（XXIX）号决议，联合国人权委员会要求联合国教科文组织"鼓励在大学中开展人权教学与研究……"一本名为《人权的国际纬度》的教科书在 1978 年被出版，以供大学的法律与政治科学的系科使用。1974 年 11 月，联合国教科文组织大会通过了《关于促进国际了解、合作与和平的教育以及关于人权与基本自由的教育的建议》，多方面提及人权教育。其第 11 条敦促会员国"采取措施，确保《世界人权宣言》以及《消除一切形式种族歧视国际公约》中的原则应用于所有阶段和所有形式教育的日常行为中，成为每个儿童、青少年、年轻人或成人人格发展的内在组成部分"。第 39 条建议会员国应确保教育材料的中立，不致引起对其他群体或人民的轻蔑或仇恨。[19]

联合国教科文组织 1978 年采取的四项行动都相当值得关注。1978 年 9 月，联合国教科文组织和奥地利政府联合在维也纳召开了人权教学国际大会。根据大会采纳的各种建议，专家会议准备了一份发展人权教学的计划，该计划随后得到了联合国教科文组织大会的批准。该计划最根本的目标是发展人权教学的材料、方法以及相关信息的交换。[20]1978 年，联合国教科文组织首次设立了人权教育奖以"鼓励或激发人权教育方面新的教育动议"。[21]同时，联合国教科文组织大会 1978 年宣布的两项宣言也都提到了人权教育。《关于宣传工具为加强和平与国际理解，为促进人权以及为反对种族主义、种族隔离和反对煽动战争做出贡献的基本原则宣言》第Ⅳ条承认宣传工具在"教育年轻人……从而促进人权"方面发挥着根本性作用。[22]《种族与种族偏见问题宣言》第5（2）条部分规定：

> 各国……以及整个教育界，有责任保证各国的教育部门均起着反对种族主义的作用，特别要保证课程和课本包括有关人类团结和多样化的科学与伦理的内容……训练师资；向居民中所有群体现有的教育系统提供资助，而不受任何种族的限制或歧视；以及采取适当措施，消除某些种族或民族群体由于他们的教育……而遭受苦难的不利因素……[23]

自1980年以来，联合国教科文组织出版了一份题为《人权教学》的期刊，试图在人权的教学人员与研究者之间建立联络。[24]联合国教科文组织最近的一些动议包括1987年9月在马耳他举办的人权教学、信息和文献国际大会[25]，以及1993年在蒙特利尔举办的人权教育与民主国际大会。

地区人权教育

地区层面也采取了多种形式的人权教育动议，涉及各类具有法律拘束力或不具法律拘束力的文件中所包含的相关规定，以及创建专门机构和项目并召集会议和论坛。

具体到美洲国家间的人权体系，《美洲人权公约在经济、社会及文化权利领域的补充议定书》第13（2）条记录了成员国的一致意见，即教育必须以人类尊严的充分发展和增强对人权和基本自由的尊重为导向。尽管目前没有具有拘束力的亚洲标准，但是《曼谷宣言》有几处提到了人权教育。该宣言是在1993年4月2日亚洲各国政府为准备1993年维也纳世界人权大会而举行的地区级会议上通过的。《曼谷宣言》序言的最后部分强调"在国家、地区及国际层面进行人权教育与培训的重要性，以及为克服公众对人权缺乏认识而进行国际合作的必要性"。《曼谷宣言》的操作性部分第27条重申："需要探索各种促成国际合作的途径并为在国家层面的人权教育与培训提供财政资助。"

人权教育在非洲和欧洲的人权体系中得到了更为系统的处理。从公约确认来看，1981 年《非洲人权和民族权宪章》第 25 条规定，成员国有义务"通过讲授、教育和出版，促进和确保对本宪章中包含的权利和自由的尊重，并保证这些自由和权利……得到理解"[26]。非洲的人权教学自 1961 年以来，就以联合国、非洲法学家、大学和非政府组织举办的国际座谈会和论坛的形式不断持续发展。[27]直到 1979 年，在前一年联合国教科文组织于维也纳举行的世界人权教学大会的影响下，塞内加尔律师协会创办了非洲人权学院。[28]该学院是一个非政府组织，其活动内容包括：

——传播人权知识；
——为从事人权教学、辩护和保护的专业人士、法学家和活动者的利益，发展专门的人权教学。

该学院的活动包括教学和组织研究论坛、会议与研讨会，以及与相似的组织、图书与期刊出版机构进行交流。[29]此领域的另一个重要的动议是在联合国教科文组织的帮助下创办了隶属于塞内加尔达喀尔大学法律与经济学院的人权与和平研究所。该研究所与联合国、联合国教科文组织、世界卫生组织、国际劳工组织以及非政府组织合作，主要从事以下活动：

——人权教学，特别是针对法官、律师、教授、法律学者、外交人员、医生、红十字和红新月会成员、军事人员、政治家、商会人员、新闻工作者以及教师；
——研究、记录并传播人权信息；
——组织国内或国际的人权专题报告与论坛。

与非洲学院相当的欧洲机构是位于斯特拉斯堡的国际人权学院。联合国教科文组织帮助斯特拉斯堡学院组织年度的培训会议，特别是帮助世界各地的大学教师和专业人士获取国际人权保护实践知识的项目。[30]不同于美洲国家体系和非洲体系的是，欧洲地区性人权文件中没有关于人权教育的具有法律拘束力的条款，但这些条款能在一些不具法律拘束力的文件中找到。例如，在1981年的《关于不容忍——一个对民主的威胁宣言》中，欧洲委员会部长理事会在其第Ⅳ（ⅲ）段一致表示要敦促成员国通过教育促进对人权要求的认知。相似的，在1985年第R（85）7号《关于学校中的人权教学与学习的建议》中，部长理事会建议各成员国政府在其本国的教育体系内鼓励有关人权的教学与学习。欧洲安全与合作会议也不时在各种文件中提及人权教育。例如，《维也纳会议最终文件》中的原则13.6提到保护和促进在学校和其他教育机构中的人权教学的迫切性。[31]1993年10月，欧洲委员会成员国的国家元首和政府首脑在维也纳峰会上通过了《反对种族主义、仇外、反闪米特主义及不容忍问题的宣言与行动计划》[32]。该行动计划建议部长理事会发起并开展一项欧洲青年运动，"以动员公众拥护一个建立在所有成员尊严平等和反对种族主义、仇外、反闪米特主义及不容忍的表现的基础上的宽容社会"。而这一目标则被设想为可通过加强人权教育得以实现。[33]自从1994年12月正式开始以来，欧洲青年运动已经在将近40个欧洲国家中经由各国委员会的机构得到开展。尽管该运动的目标指向全社会的各个部分和层面，但还是以青年人在各个层次的广泛活动为主。[34]

人权教育：课程、方法、中介与传播机构

正如我们在本章前面所叙述的，国家在国际人权法下有法律义务采取适当措施提供人权教育。尽管政府应承担在此方面的基本责任，但它们也需要其他组织和个人的大力协助，这些组织和个人我们将在下文简述。

人权教育课程中包含的可能内容有：

——人类尊严；

——权利与机会平等；

——民主与法治；

——妇女、儿童和残疾人的人权；

——消除种族、民族与宗教歧视；

——发展个人道德感与社会责任感；

——通过不同文化与语言的教学促进群体间的关系。⑤

根据国际和地区性的人权文件，应在正式与非正式的各个教育层次提供人权教育。在教学方法方面，人权教育可作为为专门目的而设计的课程单元（如人权和机会平等法单元、人道主义法与宪法单元等）的一部分进行，或是作为更大的学科如历史或政治科学的一部分而进行。事实上，人权教育的这种交叉学科或多学科的方法会从其他教育分支中形成的多样化知识和方法中获益。⑥

人权教育更明确的对象包括：

——参与司法行政的人员，例如法官、检察官、辩护律师、警察和监狱保卫；

——卫生行业人员；

——军队人员；

——政治家和公务员；

——儿童及其父母；

——大众传媒人员；

——教学人员。

人权教育的实施应在国家的协调指导下通过各类组织和个人的努力实现。此过程中的参与者通常包括：

——教学人员。

——大学及其他高等教育机构。许多大学目前在法律与医疗系、政治科学系及研究中心进行人权的教学与研究。这些机构及其图书馆还通过编写出版物（如教科书、培训材料及期刊）与百科全书，以及使用多种信息检索系统为人权教育做出了贡献。

——非政府组织、社会司法群体、宗教组织和人权活动家。

——政府间组织。国际性的政府间组织，例如联合国教科文组织、联合国儿童基金会、国际劳工组织和世界卫生组织在促进人权教育方面已经发挥了、未来将继续发挥重要作用。支持联合国教科文组织的国家委员会将在翻译和传播人权教学资料方面扮演关键角色。

——大众传媒人员。新闻工作者可通过电子和印刷媒体揭露违反人权的事件，并曝光相关违法犯罪者，从而为人权教育做出间接贡献。

初等学校阶段的人权教学可以很方便地融入公民教育课堂当中，这也许是最有效的一种人权教学论坛。正如一位评论者所指出的："……在较小的年龄熟悉人权是形成自尊和尊重他人的源泉。"[37]最近的经验表明，《儿童权利公约》的缔约国已经采取切实可行的成功措施履行其在第 42 条下承担的义务——"以适当的积极手段，使成人和儿童都能普遍知晓本公约所载的原则和规定"。例如，布基纳法索制作并向全国的教师发放倡导儿童权利的系列材料来教育学校中的儿童了解自身权利。[38]哥伦比亚正在通过学校和传媒开展一项名为"没有小权利"的关于《儿童权利公约》的政府公共认知运动。一些缔约国正在进行针对教师的培训项目，多米尼加共和国的教育者就在依赖"儿童权利教师指南"。[39]1991 年，丹麦实施了一项向公众传播《儿童权利公约》原则的运动，其方式是制作并向一到十年级的入学儿童发放关于儿童权利的材料。[40]

国际技术合作与监督

《经济、社会及文化权利国际公约》第 13（1）条规定："教育应鼓励……加强对人权的尊重。"根据该公约第 2（1）条，每一缔约国"承担尽最大能力个别采取步骤或经由国际援助和合作，特别是经济和技术方面的援助和合作……以便逐渐达到本公约中所承认的权利的充分实现"。因此，有必要扩大国际援助与技术合作以实施人权教育。1993 年世界人权大会通过的《维也纳行动计划》第 82 条规定："在人权的教育与培训领域，联合国系统的咨询服务与技术援助项目必须能够迅速回应会员国的需要……"在第 48/127 号决议（1993）操作部分第 6 条中，联合国大会促请其各专门机构和项目在其各自专业领域内发展适当活动以深化人权教育的目标。人们期待着联合国教科文组织、联合国儿童基金会、世界卫生组织和国际劳工组织在此方面做出更卓越的贡献。

至于国际监督，在《经济、社会及文化权利国际公约》《儿童权利公约》《消除对妇女一切形式歧视公约》以及《消除一切形式种族歧视公约》下建立的各类监督组织所采纳的报告指南，基本都要求各国提供人权教育的信息。[41]这些监督组织不时地对缔约国提交的报告中有关人权教育信息的质量与问题表达不满。例如，消除种族歧视委员会在第V号一般评论中遗憾地指出，已被提交的《消除一切形式种族歧视公约》第7条的信息经常是"原则性及例行公事的"。[42]在最近的决议中，联合国大会敦促人权监督组织要特别关注会员国履行促进人权教育的国际义务的情况。[43]这种状况也促使该领域的一位重要评论者建议设立人权教育特别报告员或工作小组，以便系统地收集并审查人权教学材料。[44]还应当提到非政府组织所起到的非正式的监督作用。他们通过监督政府的作为或不作为持续对政府施加压力，促使其遵从国际承诺。事实上，非政府组织所出版并发行的简报和公告已经构成如今有关人权教育材料的最好的信息来源。[45]

更全面地实现人权教育权的努力仍将持续遇到许多因素的阻碍，包括文盲的存在、有限的资源以及既定的政治利益。其中最紧迫的一个问题就是缺乏对联合国和联合国教科文组织秘书处提供的各种主要人权文件和教学材料的多语种的翻译。为了更有效地传递信息及方便理解，人权教育所使用的语言必须适应受教育者的需要。[46]为了确保更有效地保证所有个体及群体的权利，除了联合国的官方语言（阿拉伯语、汉语、英语、法语、俄语以及西班牙语）文本外，还必须有其他语言的翻译文本。

注 释：

① M. Seck "A Plea for Human Rights Education in Africa" (1990) 11 *Human Rights Law Journal* 283, 295.

② D. Ray and N. Tarrow "Human Rights and Education: An Overview" in N. Tarrow (ed.) *Human Rights and Education* (1987) 3, 4.

③ M. Nowak "The Right to Education" in A. Eide (ed.) *Economic, Social and Cultural Rights* (1995) 189 – 190.

④ G. Alfredsson "The Right to Human Rights Education" in id. 213.

⑤ Id. 222.

⑥ Preamble to United Nations General Assembly Resolution 49/184, 49 U. N. GAOR Supp. (No. 49) at 202, U. N. Doc. A/49/49 (1994).

⑦ 大会通过了《世界人权与民主教育行动计划》。参见 U. N. Doc. A/CONF. 157/PC/42/Add. 6.

⑧ 参见具有同等效果的《经济、社会及文化权利国际公约》第 13(1) 条。

⑨ 同样参见原则 Ⅱ 和 Ⅵ。

⑩ 参见《国际人权会议最后文件》(United Nations publication, Sales No. E. 68. XIV. 2)。

⑪ 1975 年 12 月 9 日联合国大会第 3447 (XXX) 号决议宣布。

⑫ U. N. Doc. A/47/38.

⑬ U. N. Doc. A/CONF. 157/23, Part I, para. 33.

⑭ 包含在秘书长报告中 A/49/261 – E/1994/110/Add. 1, annex.

⑮ 参见第 3 章。

⑯《联合国教育、科学及文化组织组织法》(1945 年 11 月 16 日于伦敦签署) 4 U. N. T. S. 275.

⑰ 联合国教科文组织已组织数次关于修订初等、中等和高等教育的历史、地理及社会科学教科书的多边磋商。

⑱ Untied Nations *Untied Nations Action in the Field of Human Rights* (1988) p. 356, para. 151.

⑲ 同时参见第 7 条 (各成员国制定和适用旨在加强对人权的尊重和适用的国家政策); 第 18(c) 条 (教育应与确保人权行使和遵守的行动有关)、第 33(a) 条 (成员国应在教师中培养对人权的责任)。

⑳ Untied Nations *Untied Nations Action in the Field of Human Rights* (1988) p. 357, paras. 165 – 166. 此外,联合国教科文组织执行理事会设立了一项发展人权教育的志愿基金,以资助人权教育发展计划的执行。

㉑ Id. p. 358, para. 172.《联合国教育、科学及文化组织人权教育奖条例》第 1 条规定: "联合国教科文组织人权教育奖应授予旨在发展人权教育的获得公认的行动。根据《联合国宪章》《联合国教育、科学及文化组织组织法》的精神以及《世界人权宣言》和《国际人权公约》规定的原则,并适当考虑《关于促进国际了解、合作与和平的教育以及关于人权与基本自由的教育的建议》的规定,奖金应对发展人权教育取得特别重大和有效贡献的教育和

培训机构、组织和个人开放。奖金的授予应鼓励或激励人权教育中更多的教育动议。"

㉒ 同时参见联合国教科文组织《种族与种族偏见问题宣言》第 5(3)条,其中敦促大众传媒为消除种族主义做贡献。

㉓《种族与种族偏见问题宣言》中涉及人权教育的其他条款还有第 5(3)条、第 6(2)和(3)条、第 8(2)和(3)条。

㉔ Untied Nations *Untied Nations Action in the Field of Human Rights* (1988) p. 358, para. 174.

㉕《马耳他建议》包含在 1988 年 5 月 1 日的联合国教科文组织文件中 doc. SHS – 87/CONF. 401/15。

㉖ 同时参见《非洲人权和民族权宪章》第 45 条有关非洲人权和民族权委员会在此领域作用的规定。

㉗ M. Seck, op. cit., 291.

㉘ Id. 284.

㉙ Id. 290.

㉚ Untied Nations *Untied Nations Action in the Field of Human Rights* (1988) p. 358, para. 171.

㉛ 15 January 1989, (1989) 28 *International Legal Materials* 527.

㉜ 包含在 1993 年 10 月 9 日欧洲委员会首脑会议通过的《维也纳宣言》附件 Ⅲ 中。

㉝《行动计划》第 4 条。

㉞ http://www. unimarburg. de/dir/GRUPPEN/PROJEKTE/EYC/finalreport. html.

㉟ Alfredsson, op. cit., 223.

㊱ Seck, op. cit., 298.

㊲ Id. 297.

㊳ http://www. unicef. org/crc/success/wca. html.

㊴ http://www. unicef. org/pon96/corights. html.

㊵ http://www. unicef. org/pon96/cogowar. html.

㊶ Alfredsson, op. cit., 226.

㊷ U. N. Doc. A/32/18 (reproduced in U. N. Doc./HRI/GEN/1, pp. 57 – 58).

㊸ 参见 1993 年联合国大会 48/127 号决议操作条款第 9 条以及 1994 年联合国大会第 49/184 号决议操作条款第 13 条。

㊹ Alfredsson, op. cit., 226.

㊺ Id. 226 – 7.

㊻ Seck, op. cit., 297.

第四部分 专门教育、特定群体及其问题

9. 残疾人的受教育权

身体或智力上的残疾影响着全世界数以百万计的儿童，他们同样应当受到特别关注，因为这不仅在道德上……而且从经济原因来看也是十分重要的。这些儿童，尽管命运对其不够仁慈，但却能成功地战胜他们的残疾，他们不应该被排除在社会生活之外；他们有权利接受适合于他们状况的教育。[①]

引言

自从德国纳粹将行为及身体不正常的残疾人标签化以来，至今已有 50 年过去了。根据一位评论者的说法："偏见、歧视、嫌恶及习惯是解释全世界残疾人口作为一项人权关注的主要隐性因素。"[②]联合国大会 1975 年 12 月 9 日的第 3447（XXX）号决议制定的《残疾人权利宣言》第 1 条将"残疾人"界定为："任何由于先天性或非先天性的身心缺陷而不能保证自己可以取得正常的个人生活和社会生活上一切或部分必需品的人。"[③]残疾通常是智力和身体缺陷的结果，诸如听力、视力和言语的问题。

联合国系统内对残疾人教育权的承认

1948 年《世界人权宣言》仅有一处提到残疾，并且是在相当一般而非教育的情境中提到的。其第 25（1）条部分规定："人人……在遭到失业、疾病、残废、守寡、衰老或在其他不能控制的情况下丧失谋生能力时，有权享受保障。"1959 年《儿童权利宣言》确认残疾儿童有获得特殊教育的权利。其第 5 条规定："身心或所处社会地位不正常的儿童应根据其特殊情况的需要

给予特别的治疗、教育和照料。"联合国和许多非政府组织不满于被如此宽泛地陈述的原则。1968 年在耶路撒冷举行的国际议会上，国际智力残疾人联盟发布了《智力迟钝者特殊权利宣言》。非政府组织之间达成了一项共识，即专门宣言应当补充一般宣言，并在专门宣言中具体界定残疾人的权利，增加而不是取代后者所包含的一般人权。④这显然成为《残疾人权利宣言》和1971 年 12 月 20 日联合国大会第 2856（XXVI）号决议通过的《智力迟钝者权利宣言》的意图。

尽管 1971 年和 1975 年的宣言不能像国际法或国内法那样具有法律拘束力，但它们确实具有道德和政治劝诫的力量，在 20 世纪七八十年代游说议员的群体利用这些宣言确实改变了一些重要的国家政策。⑤1971 年和 1975 年的两部宣言得到一种渴望的支持，即帮助智力迟钝者和残疾人在多个领域发展他们的能力并促进其尽可能融入正常生活的渴望。两部宣言寻求以一系列最低方针的形式精心描述早前的人权标准，影响各国国内政策制定，并为发展更细致的国际标准（最终应具有法律拘束力）奠定更为坚实的基础。1971 年《智力迟钝者权利宣言》第 2 条规定："智力迟钝者有权……受到可以发展其能力和最大潜能的教育、训练、康复和指导。"⑥ 1975 年的《残疾人权利宣言》建立在 1971 年宣言的基础上，并且更为详细地规定了残疾人获得"使其尽可能自立"（原则 5）的措施的权利。1975 年宣言的第 6 条承认残疾人有权享受"……教育、职业培训和康复、各种帮助、指导、就业和其他服务，以充分发展他们的能力和技能并加速他们参与社会生活或重新参与社会生活的过程"。

残疾人融入社会的重要性在 1979 年 1 月于华沙举行的儿童权利法律保护大会上得到再次肯定。大会通过的《官方原则宣言》中的原则 7 阐明了其观点："尽管向那些或在智力上异常或因残疾而异常的儿童提供特殊教育设施是很必要的，但其教育应尽可能与其他儿童融合也是非常重要的。"

1976 年，联合国大会将 1981 年定为"残疾人国际年"（IYHP）。其官方决议⑦宣布"全面参与及平等"是该年的中心议题，并定下了一系列有待在残疾人国际年实施的目标，包括促进"努力为残疾人提供适合的帮助、训练、照顾和指导"，有关残疾人权利的公共教育，以及执行 1971 年和 1975 年的宣言。残疾人国际年的顾问委员会发表了联合国会员国可以采取的措施建议，并敦促各国审查其现有立法"以消除有关残疾人教育和就业方面的可能的歧视性做法"。⑧

然而，残疾人国际年的最重要成果，是联合国大会在 1982 年 12 月 3 日的第 37/52 号决议中通过了《关于残疾人的世界行动计划》。该行动计划的目的包括提升康复的有效措施，预防残疾，以及实现残疾人全面且平等地参与社会生活和发展的目标。联合国大会 1982 年 12 月 3 日的第 37/52 号决议规定 1983—1992 年为"联合国残疾人十年计划"，以作为实施该行动计划的长期行动方案。

有关残疾儿童权利的最为综合性的国际规范出现在《儿童权利公约》第 23 条中。第 23 条前三款的内容为：

（1）缔约国确认有残疾的儿童应能在确保其尊严、促进其资历、有利于其积极参与社会生活的条件下享有充实而适当的生活。

（2）缔约国确认残疾儿童有接受特别照顾的权利，应鼓励并确保在现有资源范围中，依据申请，斟酌儿童的情况和儿童的父母或其他照料人的情况，对合格儿童及负责照料该儿童的人提供援助。

（3）鉴于残疾儿童的特殊需要，考虑到儿童的父母或其他照料人的经济情况，在可能时应免费提供按照本条第 2 款给予的援助，这些援助的目的应是确保残疾儿童能有效地获得和接受教育、培训、保健服务、康复服务、就业准备和娱乐机会，其方式应有助于该儿童尽可能充分地参与社会，实现个人发展，包括其文化和精神方面的发展。

如之前的国际文件一样，《儿童权利公约》第 23 条也强调参与社会与实现个人发展的重要性。《儿童权利公约》在加强残疾儿童权利的法律保护方面是成功的，因为在它之前，在此领域几乎没有具法律拘束力的国际标准。⑨然而，《儿童权利公约》仍然有几处缺陷。首先，其第 23（2）条和第 23（3）条综合起来的效果是，残疾儿童的受教育权须服从于国家的现有可能资源，应"考虑到儿童的父母或其他照料人的经济情况，在可能时"免费提供援助。波兰对现有第23条提出了一项修订草案，即免费为残疾儿童提供特殊教育需要的提案，虽受到加拿大和苏联的支持，但没有获得成功。[10]其次，正如一位儿童权利领域的权威评论者所指出的，很遗憾，《儿童权利公约》没有向缔约国施加促进或提供学前教育服务的法律义务。[11]通过综合实施公约第2（1）条及第28（1）条，残疾儿童只有在初等学校层次才能享有平等的受教育机会。[12]正如这位评论者所言，学前教育对残疾儿童是很重要的，因为它可以被用来做早期损伤鉴定，也可成为父母参与教育过程的一种方法。[13]

1993年6月在维也纳举行的世界人权会议在其行动计划（指《维也纳宣言和行动计划》——译注）第63条再次确认：

……所有人权和基本自由都是普遍的，因此毫无保留地包括残疾人。人人生而平等，有同样的……受教育权和劳动权。任何……对残疾人的歧视对待因此都是对其权利的侵害。世界人权会议呼吁各国政府……采取……立法以确保残疾人的这些……权利。

在其行动计划的第65条，世界人权会议呼吁联合国大会"采用关于残疾人机会均等的标准规则草案"，这些规则已出现在1982年联合国大会认可的《关于残疾人的世界行动计划》中。

联合国大会确实响应了世界人权会议的呼吁，在1993年第48/96号决议中通过《残疾人机会均等标准规则》，并要求联合国各会员国在发展国内残疾人项目时应用这些规则。经过联合国大会一段时间的尝试，其力图通过一个关于消除对残疾人各种形式歧视公约的努力以失败告终，在此之后，各国同意在联合国残疾人十年项目（1983—1992）取得的经验基础上制定一个不具拘束力的标准规则。制定该规则的目的是确保残疾人可以行使与其他人同样的权利。尽管这些规则不具有法律拘束力，但规则建立在强大的道德和联合国会员国间的政治承诺基础上，因此提供了相互间技术与经济合作的基础。从残疾人及其代表组织的观点看，规则为政策制定提供了一个杠杆和辩护的平台。

标准规则的规则6包含9项次规则，它们直接与残疾人的教育权利相关。

既然它们是最为详细的规范，尽管仍有待发展，也在此将它们全部列出：⑭

规则6. 教育

各国应确认患有残疾的儿童、青年和成年人应能在混合班环境中享有平等的初级、中级和高级教育机会的原则。各国应确保残疾人教育成为其教育系统的一个组成部分。

1. 应由一般教育部门承担在混合班环境中对残疾人施行教育的责任。残疾人教育应成为国家教育规划、课程设计和学校安排的一个组成部分。

2. 主流学校的教育应创造条件，提供讲解员和其他适当的支助服务。应为适应不同残疾人的需要而提供充分的无障碍环境和支助服务。

3. 应让家长团体和残疾人组织参与各个级别的教育过程。

4. 在实施义务教育的国家内，应向各种类别和不同程度残疾的男女儿童，其中包括重残儿童，提供义务教育。

5. 应对下述几类人给予特别关注：

（a）特别年幼的残疾儿童；

（b）学龄前残疾儿童；

（c）有残疾的成年人，特别是妇女。

6. 为在普通教育体系中安排为残疾人提供的教育，各国应：

（a）有明确的政策并使之得到学校和社会的广泛理解和接受；

（b）使教学课程可以灵活运用或做出适当的增补和修改；

（c）提供高质量的教材、经常性的教师培训和辅助教员。

7. 应将混合班教育和以社区为基础的方案视作向残疾人提供有效的教育和培训的辅助方法。以社区为基础的国家方案应鼓励社区运用和发展本身的资源，在当地向残疾人提供教育。

规则6并不足为奇。这条规则只是再次确认残疾儿童教育机会平等的原则以及在大多数情况下应以融入主流的状态提供此种教育，而这些权利，正像我们已经看到的那样，已经得到《儿童权利公约》第2条和第23条的保护。然而，规则6还是有值得强调的独到之处的。第一，规则6适用于所有的残疾人。第二，规则 6（3）首度承认父母群体和残疾人自身对教育过程的参与。第三，与《儿童权利公约》不同，规则 6（5）特别关注到残疾儿童的学前教育。第四，规则 6（7）在残疾人的教育和培训中引入了"成本 – 效益"（cost-effective）的概念。这些内容都超越了《儿童权利公约》第 23 条规定的要求。在 1994 年第 49/153 号决议中，联合国大会敦促所有政府实施该标准规则，并欢迎任命一位残疾问题特别观察员以审查各国的实施情况并向社会发展理事会提交报告。

许多联合国机构和文件都加强了针对残疾人的待遇和保护方面的标准的建设，其中包括世界卫生组织、联合国儿童基金会、联合国开发计划署、联合国社会发展理事会与联合国秘书长的残疾人工作组。在教育领域做出突出贡献的有联合国教科文组织和国际劳工组织。联合国教科文组织 1974 年的《关于技术和职业教育的修订建议》提出，应该向残疾人提供职业与技术教育，并且这类教育要在满足残疾人需要的同时促使其能够更加从容地融入社会。作为发展教育民主的一部分，联合国教科文组织通过了《全民教育的第二个中期计划（1984—1989）》，寻求促进特别群体包括残疾人的受教育权。联合国教科文组织在 1990 年发起的世界全民教育大会上也同样关注到了残疾人的学习需要。大会通过的《世界全民教育宣言》第 3（5）条指出："需要逐步向每一类型的残疾人提供平等的教育机会，此为教育制度的完整组成部分。"《残疾人机会均等标准规则》中的规则 6 是对这一呼吁做出的回应。至于国际劳工组织，其 1975 年的《人力资源发展中的职业指导与职业培训建议》（第 150 号）第 45（2）条实质上重述了联合国教科文组织的《关于技术和职业教育的修订建议》的内容。同时还应当提到的是国际劳工组织在 1983 年 6 月 22 日通过的《职业康复和就业（残疾人）公约》（第 159 号）。

地区对残疾人受教育权的承认

非洲、美洲和欧洲人权体系都以条约的形式承认残疾人的受教育权。1948 年《美洲国家组织宪章》第 100（d）条要求美洲国家间教育、科学及文化理事会"鼓励采取特殊教育项目，以使所有类型的人口参与他们各自的民族文化"。1988 年《美洲人权公约在经济、社会及文化权利领域的补充议定书》也提到了特殊教育项目，其成员国在附加议定书第13（3）（e）条中规定："应当为残疾人建立特殊教育项目，以为有身体或智力缺陷的人提供特别的教育与训练。"

相比之下，1981年的《非洲人权和民族权宪章》则表述得不够清晰。其第18（4）条简单地规定："老年人和残疾人也应有权利获得与其身体或智力相适应的特殊保护措施。"至于残疾儿童，《非洲儿童权利与福利宪章》第13条包含了一些更为详细的规定。根据其第13（2）条，成员国"应确保残疾儿童有效地获得培训、职业准备和娱乐的机会。这类机会必须有助于残疾儿童最大可能地、充分地融入社会和……发展"。近来，亚洲及太平洋地区在这方面也有创举，即启动"亚洲及太平洋残疾人十年（1993—2002）"计划，并于1992年12月由亚洲及太平洋经济和社会理事会召集的启动十年计划政府间会议上通过了《亚洲及太平洋地区残疾人全面参与和平等宣言》。

在欧洲委员会内部，残疾人的职业指导与培训权分别受到1961年的《欧洲社会宪章》第9条和第15条的保护。第15（1）条要求签署国采取充分措施提供培训设施和专门机构，以确保身体或智力残疾的人有效行使其职业培训与康复的权利。欧洲人权委员会已经处理了几起关于特殊学校中听力困难儿童安置的申请。其中一个案例[15]中，父母抱怨说学校对其子女的安置与其意愿相悖，因此违反了《欧洲人权公约第一议定书》第2条。该条规定：

没有人可被否认受教育的权利。国家在行使任何与教育有关的职责中，将尊重父母按照其宗教和哲学信仰来保证得到此类教育和教学的权利。

欧洲人权委员会认为，第2条强调了应保持父母所表达的意愿与残疾儿童尽可能获得有效教育的权利之间恰当的平衡。在委员会看来，"在决定如何为残疾儿童整体的利益而最大限度地有效利用现有资源方面，应给予相关当局广泛的自由裁量措施"[16]。在政府预算有限而又有其他社会福利需求与资源紧张的特殊教育项目竞争的情况下，委员会的决定反映出其愿意赋予国家自由裁量的余地。

特殊教育

特殊教育是为遭受身体或智力缺陷的人所提供的教育。这种教育可以在主流学校普通教室的融合环境中进行，在主流学校中特别安置的环境中进行，或是在专门的特殊学校进行。支持融合教育和主流教育的意见出于平等主义的理论和经济方面的考虑，即考虑到残疾人未被开发的潜在生产力以及维持那些自给自足的特殊教育机构的财政和机会成本问题。[17]主张专门特殊教育的人则强调实施专门的或定位更准的教育以满足残疾人的特殊需求。

联合国教科文组织在最近的一个评论中得出结论，认为特殊教育的责任应当纳入各国国民教育体系的范围，反对建立两套分离的教育体系。[18]在《儿童权利公约》第23条的起草过程中，就有过关于残疾儿童最大利益的争论，究竟是通过建立专门的特殊学校来实现这种利益，还是应该通过完全融合的学校教育加以实现，但争论并未涉及任何细节。[19]从最好的方面说，公约为这个问题留下了讨论的开放空间；从最坏的方面说，公约的立场是模糊不清的。一方面，公约第23（3）条开头就提到"鉴于残疾儿童的特殊需要"；另一方面，其后半部分规定残疾儿童的教育和训练应"有助于该儿童尽可能充分地参与社会，实现个人发展，包括其文化和精神方面的发展"。《残疾人机会均等标准规则》中规则6的次规则8和9是联合国在此问题上的最近声明。次规则8和9的内容如下：

8. 如一般学校系统尚未能充分满足所有残疾人的需要，则可考虑提供特殊教育。此种教育应力求为学生做好准备以接受一般学校系统中的教育。此种教育的质量应反映出如同一般教育的同等标准和目标，并应与一般教育密切联系。至少，残疾学生应得到与非残疾学生同样多的教育资源。各国应力图使特殊教育服务逐步地融合于主流普通教育之中。人们承认，在某些情况下，目前可将特殊教育视为最适宜于某些残疾学生的教育形式。

9. 由于聋人和盲聋人在交流上的特别需要，也许应在聋人或盲人学校或普通学校中的特教班组为他们提供教育。特别在开始阶段，需要特别注重文化上敏感的课程，以期使聋人或盲聋人获得有效的交流技能和最大限度的独立。

次规则 8 和 9 将融合确立为原则而非特例。特殊教育被视为是一项暂时的权宜之计，直到经济和设施条件得到重组；趋势则是逐渐将特殊教育服务纳入主流普通教育。但可能有一个例外就是，在新技术产生之前，特殊教育会继续成为聋及盲聋人唯一可行的选择。

在 1988 年的《特殊教育现状评论》中，联合国教科文组织指出，从国家层面出发，能满足残疾儿童需要和权利的特殊教育规划和项目还较为缺乏。不过，美国在这方面的经验可以提供一个典范。在美国 1975 年颁布的《全体残疾儿童教育法》[20]中，残疾儿童被赋予"在最少限制的环境中接受免费且适当教育"的权利。[21]其中，残疾儿童被定义为那些智力迟钝、重听、聋、言语或语言损伤、视力残疾、严重心理失常、肢体损害以及其他健康损害或具有特殊学习障碍的儿童。[22]这项立法的目的主要是为地方教育当局在特殊儿童教育中多支出或高于普通儿童教育的部分提供财政帮助。对于那些决定遵从该法律以获取联邦资助的州，该法对其提出了几项具体的要求。其中一项是确保残疾儿童接受免费且适当的公共教育[23]，并"最大可能地"使这种教育在普通教室实施。[24]另一项是要求地方教育当局必须建立程序，经与每一个儿童的父母协商后为其制订个别化教育计划（IEP）。[25]个别化教育计划是一份经由地方教育当局的代表、教师、残疾儿童的父母以及适当的时候包括残疾儿童本人参加的会议而形成的书面协议。[26]个别化教育计划必须包括对儿童现有教育水平的声明、每年的教育目标、提供的服务、儿童能够参与常规普通教育的程度、服务的开始日期和持续时间、可用来对儿童是否达到教育目标至少进行年度评估的客观评价指标。换句话说，地方教育当局所提供的教育服务的内容必须严格限制在满足每个残疾儿童的个别需要上。父母参与是该立法项目的显著特征，这与 1993 年联合国《残疾人机会均等标准规则》中的规则 6（3）建议残疾儿童的父母参与所有教育层次的规定是呼应的。由此，残疾儿童的受教育权在立法中就不再是一项模糊不清的授权，而是使儿童成为谈判主体并通过一个类似合同程序签订的一份详细界定了所提供教育服务的书面文件。[27]

当代各国在提供特殊教育项目中面临的问题包括缺乏训练有素的特殊教育教师，缺乏合适的辅助人员，资源条件和设施不足，不适当的学校安置，对残疾儿童潜力的悲观态度，以及不能在教育体系中像对待非残疾儿童那样平等地为残疾儿童分配资源以提供教育机会。[28]即使是一些有远见的立法已经规定不得基于损伤的原因进行歧视，但它们仍然在当残疾儿童入学将需要额外的、在当时条件下难以合理提供的服务或设施的时候留下了例外空间。这些实施反歧视立法的例外规定自然为在诸如成本－利益分析和分配公共资源（在很多普通法国家的司法体制中通常都不在司法审查的范围内）的基础上否认资助特殊教育项目提供了可能。[29]当《残疾人机会均等标准规则》中的规则6（8）要求残疾学生至少"应得到与非残疾学生同样多的教育资源"的时候，表明其起草者可能已经意识到了这些问题。

结论

在过去的25年里，联合国已经发展了有关残疾人的国际标准并形成了三项目标：促进他们的独立，使他们可以获得平等的机会和确保他们在更广泛社会中的全面参与。然而，事实是这三项目标的实现有很强的资源依赖性。确实，联合国大会已在其最近的一项决议中确认：在阻碍上述目标达成的主要障碍中，"首要"的一个障碍是"不充足的资源分配"。[30]尤其当人们考虑到大多数遭受某些严重损害的人生活在发展中国家[31]，以及这些国家中有不成比例的儿童被各种残疾影响的时候[32]，这个问题就更是一个复合性的问题。也许并不奇怪，《儿童权利公约》第23（4）条部分规定：

缔约国应本着国际合作精神……散播和获得有关康复教育方法和职业服务方面的资料，以期使缔约国能够在这些领域提高其能力和技术并扩大其经验。在这方面，应特别考虑发展中国家的需要。

人们希望《儿童权利公约》的缔约各国在联合国教科文组织的普遍协调指挥下，能够尽责并善意地履行这项义务。

注　释：

① Amadou-Mahtar M'Bow(联合国教科文组织前总干事）"Introduction" in G. Mialaret (ed.) *The Child's Right to Education* (1979) 9, 12 – 13.

② S. Herr "Rights of Disabled Person: International Principles and American Experiences" (1980) 12 *Columbia Human Rights Law Review* 2.

③ 根据世界卫生组织的界定,残损(impairment)指"任何心理、生理或解剖组织或功能的缺失和异常"。残疾(disability)指由于残损而导致的对正常方式活动的任何限制或缺少能力。残障(handicap)指由于残损或残疾而限制或阻碍个人正常发挥功能所导致的实质上的社会不利。参见 World Health Organization *International Classification of Impairments, Disabilities, and Handicaps*(1980) 27 – 29.

④ Herr, op. cit. , 5.

⑤ 美国对一项政策的审查导致了 1975 年《全体残疾儿童教育法》的产生,20 U. S. C. A. ss. 1401 – 1461 (1976)。英国残疾儿童和青年调查委员会(瓦诺克委员会)在 20 世纪 70 年代后期进行了同样的调查。

⑥ 联合国大会也通过了《保护精神病患者和改善精神保健的原则》。

⑦ 第 31/123 号决议。

⑧ Untied Nations Department of Public Information *First Session of Advisory Committee for 1981 Year for Disabled Persons, Recommends Draft International Programme for Year* Doc. No. SOC/4014 at 2 (press release issued, 26 March 1979).

⑨ 1966 年《经济、社会及文化权利国际公约》并未直接涉及残疾人权利。

⑩ Commission on Human Rights *Report of the Working Group on a Draft Convention on the Rights of the Child* E/1982/12/Add. 1 E/CN. 4/1982/30/Add. 1 p. 69, paras. 108 and 109.

⑪ G. Van Bueren *The International Law on the Rights of the Child* (1995) 359.

⑫《儿童权利公约》第 2(1)条明确地将"残疾"作为禁止歧视的理由。第 28(1)条提到各种类型和级别的教育,但未提及学前教育。

⑬ Van Bueren, op. cit. , 359.

⑭《残疾人机会均等标准规则》中规则 6 的次规则 8 和 9 将在本章下文有关残疾人的特殊教育要求部分说明。

⑮ App. 13887/88, *Graeme v. United Kingdom*, 5 February 1990, (1990) 64 DR 158.

⑯ Id. 166.

⑰ D. Neal "The Right to Education: The Case of Special Education" (Winter, 1982) *The*

Australian Quarterly 147, 150.

⑱ U. N. E. S. C. O. *Review of the Present Situation of Special Education* (1988).

⑲ Van Bueren, op. cit. , 359.

⑳ 20 U. S. C. A. ss. 1401 – 1461 (1976).

㉑ See nn. 23 and 24 below.

㉒ S. 1401(1).

㉓ S. 1414(a)(1)(C)(ii).

㉔ S. 1414(a)(1)(C)(iv).

㉕ S. 1414(a)(5).

㉖ S. 1401(19).

㉗ Neal, op. cit. , 152 – 153.

㉘ R. Hays and S. MacAlpine "A Lawyers' View of Special Education: Past, Present and Future" (1986) 10 *Australian Journal of Special Education* 33, 35.

㉙ Id. 36.

㉚ 1994 年第 49/153 号决议。

㉛ Herr, op. cit. , 2.

㉜ M. Black *The Children and the Nations*(1986) 369.

10. 妇女、女童、移民及难民的受教育权

妇女和女童的受教育权

根据最近的报道，在从未上学或早期辍学的儿童当中，女性超过 2/3。在地区层面，出生在南亚或中东地区的女童只有不到 1/3 的机会完成其初等教育。[①]考虑到联合国组织自成立以来就致力于在教育领域消除对妇女的歧视并提升妇女在教育、科学和文化方面的地位，妇女和女童在教育统计中持续比例较低的事实是始终被关注的问题。[②]在 1948 年 8 月 23 日的第 154F（Ⅶ）号决议中，联合国经济和社会理事会（ECOSOC）在妇女地位委员会（CSW）的建议基础上，要求联合国会员国"赋予妇女与男子同样的平等受教育权，并确保她们无论民族、种族或宗教如何，都得到切实的教育机会"。1954 年 7 月 12 日的第 547K（ⅩⅧ）号决议更为详细、要求也更严格，在这项决议中，联合国经济和社会理事会建议会员国应当：

（a）采取必要措施确保妇女与男子一样在所有类型的教育中具有平等入学机会……

（b）制定必要的法律和规章，消除对妇女在教育领域的一切形式的歧视，确保妇女在包括职业与技术教育在内的所有类型教育中享有入学机会，并在任何领域和所有的职业准备中有平等机会获得国家教育奖学金；

（c）……充分利用联合国教科文组织的一切设施和资源，为女童和妇女提供额外教育机会……

联合国教科文组织

自 20 世纪 50 年代中期以来，联合国教科文组织已经准备并定期向妇女地位委员会和联合国经济和社会理事会提交了关于女童和妇女教育各方面问题的许多报告。这些报告为联合国经济和社会理事会形成相关建议提供了基础，例如有关女童和妇女接受初等、中等、高等和职业与技术教育，以及成

为教育工作者之类的问题。1966 年，联合国教科文组织大会通过了一项经由接受教育、科学和文化以促进妇女发展的长期规划。在此规划下，联合国教科文组织总干事被大会授权在联合国教科文组织活动的范围内，资助那些提升城乡妇女和女童教育愿望的项目，并且为接受联合国教科文组织委托而工作的国际非政府组织提供技术与经济支持。[③]

联合国教科文组织大会也在其 1974 年的《关于技术和职业教育的修订建议》中将一些篇幅用于职业准备背景下的女性教育问题。为了追求教育的民主化，联合国教科文组织还通过了《全民教育第二个中期计划（1984—1989）》。其中一个为实现该目标而批准的五年计划是关于女童和妇女教育平等的。该计划的具体内容包括确定教育平等的障碍，增加科学、技术与职业教育的机会，以及思考妇女在社会中的教育性角色。

国际文件

首次专门提到对妇女的教育歧视问题的国际文件是联合国教科文组织 1960 年的《取缔教育歧视公约》。该公约第 1（1）条将基于性别的区隔纳入"歧视"的定义。一些关于妇女人权主题的国际文件也涉及对妇女的教育歧视问题。联合国大会在 1967 年 1 月 7 日第 2263（XXII）号决议通过的不具拘束力的《消除对妇女歧视宣言》第 9 条规定：

应采取一切适当措施，确保女童及妇女（不论已婚未婚）皆能于各级教育中享有与男子平等的权利，尤其下列各项：

（a）各种教育机构，包括大学、职业、技术及专业学校在内，入学与肄业条件相等；

（b）不论是否男女同校，课程的选择、考试、师资的标准、校舍和设备的质量，均应相同；

（c）领受奖学金及其他研究补助金的机会均等；

（d）接受成人教育，包括成人识字教育的机会均等；

（e）有接受知识辅导的机会，以有助于保障家庭健康和幸福。

相似的是，1979 年《消除对妇女一切形式歧视公约》也有完整的一条规定受教育权，其第 10 条规定：

缔约各国应采取一切适当措施，消除对妇女的歧视，并保证妇女在教育方面享有与男子平等的权利，特别是在男女平等的基础上保证：

（a）在各类教育机构，不论其在农村或城市，在专业和职业辅导、取得学习机会和文凭方面都有相同的条件。在学前教育、普通教育、技术、专业和高等技术教育以及各种职业训练方面，都应保证这种平等。

（b）课程、考试、师资的标准、校舍和设备的质量一律相同。

（c）为消除在各级和各种方式的教育中对男女任务的任何定型观念，应鼓励实行男女同校和其他有助于实现这个目的的教育形式，并特别应修订教科书和课程以及相应地修改教学方法。

（d）领受奖学金和其他研究补助金的机会相同。

（e）接受成人教育，包括成人识字和实用读写教育的机会相同，特别是为了尽早缩短男女之间存在的教育水平上的一切差距。

（f）减少女生退学率，并为离校过早的女童和妇女安排各种方案。

（g）积极参加运动和体育的机会相同。

（h）有接受特殊知识辅导的机会，以有助于保障家庭健康和幸福，包括关于计划生育的知识和辅导在内。

尽管第 10 条在措辞上有一些变化，也有一些新的条款，但基本上是对《消除对妇女歧视宣言》第 9 条的再次强调。第 10 条确实有一些新的内容，如（c）、（f）和（g）三款。由此，原来在《消除对妇女歧视宣言》中属于计划性的陈述就经由《消除对妇女一切形式歧视公约》第 10 条而被转化为具有法律拘束力的法律义务。

国际文件也提到居住在农村地区的妇女和女童的特殊需要。在这些地区，特别是发展中国家上述地区居住着大量妇女和女童，她们只能接受初等的几个年级的教育。④联合国粮农组织 1979 年 7 月在罗马召开了世界农业改革与农村发展大会，讨论到了农村妇女的特殊教育需要以及其他问题。与该问题相关的部分构成了大会《原则宣言》附件的《行动计划》的若干条款。其

Ⅳ. D.（ⅰ）部分规定："政府应当考虑采取行动确保男女具有相近质量和内容的教育机会，提供诸如降低费用等特殊激励以在学校和培训项目中增加女童和妇女入学。"第Ⅳ. D.（ⅲ）部分敦促政府考虑"为农村妇女创造和加强接受非正规教育的机会，内容包括领导学培训、农业教育以及非农田活动、卫生保健、子女养育、计划生育与营养"。这些建议的部分内容，很快被纳入《消除对妇女一切形式歧视公约》成为具有拘束力的条约义务。公约第14（2）条要求缔约国采取适当措施消除对农村地区妇女的歧视。第 14（2）（d）条规定，缔约国应确保农村妇女有权获得各种类型正规及非正规培训和教育的机会，包括功能性读写教育计划以及延伸服务。

最近的发展

1985 年 7 月，联合国妇女十年计划的成果审查与评估世界大会在内罗毕举行。大会通过《到 2000 年促进妇女发展前瞻规划》⑤，其中包含了许多教育领域的措施。规划第 163 条指出教育是提升妇女地位的基础，也是她们充分承担社会成员角色的基础，其最显著的建议包括如下方面：

——政府应当加强妇女在国家教育政策的所有层次的参与（第 163 条）；

——政府应当采取特别措施（包括激励），增加妇女和年轻女性接受所有层次科学、技术、职业和管理学科教育的机会（第 163 条、第 169 条）；

——政府应充分认识教育体系中女童的高缺勤率和高辍学率的原因，并设法解决（第 165 条）；

——政府和联合国教科文组织应当采取特别措施（包括确立目标），到2000 年消除女童和妇女中过高的文盲率（第 164 条）；

——应努力推进功能性读写教育，特别要强调健康、营养和谋生的经济技能（第 164 条）。

1990 年 3 月，联合国教科文组织在泰国宗滴恩赞助举行了世界全民教育大会，此会上也讨论了女童和妇女的教育问题。《世界全民教育宣言》第 3（3）条记录了大会代表的一致意见："最紧迫的优先事项是确保女童和妇女的受教育机会和提升其教育质量，并去除一切阻碍她们积极参与的障碍。"

大会提出的《满足基本学习需要的行动纲领》鼓励各国制定并执行教育项目，消除那些抑制妇女和女童充分享受常规教育利益的社会和文化障碍。⑥

近来，非洲统一组织借助特别的积极性行动来应对教育中的性别歧视。非洲统一组织1990年7月通过的《非洲儿童权利与福利宪章》中的两个条款都是特别针对女童的。第11（3）（e）条要求缔约国采取特别措施以确保女童的平等受教育机会。第11（6）条要求缔约国承担法律义务，"采取所有适当措施确保在完成教育之前怀孕的女童有机会在其能力基础上继续她们的学业"。

1995年8月在北京举行的联合国第四届世界妇女大会上，性别区分的教育话题也提上了议事日程。这次大会的主要目标之一就是通过《行动平台》，主要致力于解决有关阻碍妇女发展的典型根本障碍的关键问题。《行动平台》与《世界全民教育宣言》呼应，将妇女和女童的教育作为一个优先问题。《行动平台》和《到2000年促进妇女发展前瞻规划》的相似之处在于同样关注消除文盲。《行动平台》确立了到2000年实现80%入学率的目标，令人奇怪的是（也许是现实的）比1990年世界全民教育大会设定的目标低了20个百分点。《行动平台》为关注促进妇女和女童的受教育机会额外提供了论据，这些机会不仅在基础教育方面，而且包括终身学习和技能培训，以及包含在这些非正规学习项目中的科学与技术教育的机会。

结论

从前面的内容可以明显地看出，联合国从一开始就非常关注女童和妇女的教育机会平等问题。但同样显而易见的是，在此领域达致真实和正式的法律平等过程也是相当缓慢的。正如我们之前看到的，现在已有较充足的条约保证女童和妇女享有正式的法律上的教育机会平等权。当前，为了确保真正的机会平等，必须采取实际措施。目前主要取决于条约监督机构，如儿童权利委员会和消除对妇女歧视委员会，以一种严格和透彻的方式质询缔约国谨慎并善意履行其相关义务的程度。至于提供国际财政、技术和物质的帮助，可能需要考虑将这些资助中的一部分专门用于性别教育问题的条件。

移民与难民的受教育权

满足1951年《关于难民地位的公约》第1条所指的"难民"定义条件

的人，可受到该公约第22条的保护。第22条是关于公共教育的，其条文规定如下：

1. 缔约各国应给予难民凡本国国民在初等教育方面所享有的同样待遇。

2. 缔约各国就初等教育以外的教育，特别是就获得研究学术的机会，承认外国学校的证书、文凭和学位、减免学费以及发给奖学金方面，应对难民给以尽可能优惠的待遇，无论如何，此项待遇不得低于一般外国人在同样情况下所享有的待遇。

遗憾的是，难民儿童的保护标准在中等教育阶段是比较低的。不过，1989年《儿童权利公约》通过第22（1）条的规定，要求缔约国采取适当措施确保难民儿童享有其所规定的权利，其所提供的保护可能会超过1951年的《关于难民地位的公约》。然而，不管这些条约规定的义务如何，事实是许多发展中国家尚且不能为其本国儿童提供覆盖全体的初等教育。[⑦]《儿童权利公约》第29（1）（c）条与难民儿童也有关系，它规定此类儿童的教育目的应是"培养他们的……文化认同、语言和价值观、儿童所居住国家及其原籍国的民族价值观……"难民儿童的教育因此不仅要考虑其庇护国的价值观，也要考虑其原籍国的价值观。至于适当的教学语言，联合国教科文组织建议早期的教育应使用难民儿童的母语，当其达到熟练以后，就应引入第二语言。[⑧]

1990年世界全民教育大会通过的《满足基本学习需要的行动纲领》承认难民教育项目的重要性。其第45.f条指出，大会的观点是，一些如联合国难民事务高级专员和联合国近东巴勒斯坦难民救济和工程处等组织开展的项目要求有更多实质性的和稳定的长期财政资助，该条还敦促国际社会通过增加国际合作以及财政与技术的资助来分享难民负担国处理难民基本学习需要的经验。1994年，联合国大会在第49/172号决议中号召联合国难民事务高级专员、联合国儿童基金会以及其他联合国机构动员各方力量资助那些在救助、教育、健康和心理康复领域无监护的未成年难民。遗憾的是，这种资助将"在现有资源条件下"予以提供。

关于移民及其子女的受教育权问题，第6章（少数群体的受教育权）已经详细评论了 1977 年《欧共体理事会关于移民工人子女教育问题的指示》。作为《全民教育第二个中期计划（1984—1989）》的一部分，联合国教科文组织已经致力于推进各种特殊群体也包括移民工人和难民的受教育权。联合国大会，尽管是以不具拘束力的方式，也已保证了外侨的受教育机会。1985年，联合国大会通过《非居住国公民个人人权宣言》^⑨，其第 8（c）条部分规定：合法居住在一个国家领土内的外侨，应根据该国法律享有受教育的权利，只要"他们能够满足相关规定对接受教育的要求，并且不会对该国资源造成不适当的紧张压力"。这暗示出，没有证明文件或非法的外侨被排除在了保护之外。然而我们有趣地发现，美国联邦最高法院在普莱勒诉都伊案^⑩中认为，美国联邦宪法的平等保护条款禁止州歧视性地否认无证明文件的外侨接受公共教育的权利。最高法院的推理很大程度上显示出教育对所有个体具有极端的重要性，无论他们的法律地位如何或是否缺乏相关的证明文件。^⑪

联合国大会近来已经通过了一项保护移民工人子女受教育权的条约——《保护所有移民工人及其家庭成员权利国际公约》^⑫。该公约第 30 条规定："移民工人的每个子女都有一项基本权利，即在与相关国家国民待遇平等的基础上接受教育。"该条没有为初等教育和中等教育设定不同的标准，这一点与《关于难民地位的公约》第 22 条有所不同。

注　释：

① U. N. I. C. E. F. *The Word Summit for Children* (1990) 32.

② United Nations *United Nations Action in the Field of Human Rights* (1988) 146.

③ Ibid.

④ S. Graham-Brown "The Role of the Curriculum" in *Education Rights and Minorities* (Minority Rights Group Report) (1994) 29.

⑤ *Report of the World Conference to Review and Appraise the Achievements of the United Nations Decade for Women*: *Equality, Development and Peace*, Nairobi, 15 – 26 July 1985 (United Nations publication, Sales. No. E. 85. Ⅳ. 10), chap. Ⅱ, C.

⑥ 参见第 45. e 条。同时参见 1989 年世界儿童峰会通过的《实施儿童生存、保护和发展世界宣言的行动计划》中的原则 20（其中提到降低女性文盲率以及男童与女童之间的现

有教育差距）。

⑦ G. Van Bueren *The International Law on the Rights of the Child*（1995）369.

⑧ Ibid.

⑨ 1985 年联合国大会第 40/144 号决议。

⑩ 457U. S. 202（1982）.

⑪ Id. 221.

⑫ 1990 年 12 月 18 日联合国大会第 45/158 号决议通过。全文见（1991）30 I. L. M. 1517.

11. 专门教育

成人教育

尽管儿童是受教育权的主要受益者，但各种国际及地区性文件还是确认人人享有受教育权。这点确认了学习具有终身性和持续性的特征，以及日益增长的对信息和技术及时更新的要求。

1948 年的《世界人权宣言》为现代成人教育奠定了基础，其第 26（1）条部分规定："人人有受教育的权利。"①该项权利以没有特定限制的方式表述，这意味着成人和儿童都享有受教育的权利，并且"教育"应不只限于普通教育。

成人教育目前已得到两项主要国际人权条约的承认。1960 年联合国《取缔教育歧视公约》第 4（c）条要求缔约国承担如下法律义务：通过鼓励和推进"那些未受到或未完成初级教育的人的教育以及他们根据个人成绩继续接受的教育"，促进教育的机会平等。1966 年《经济、社会及文化权利国际公约》第 13（2）（d）条也有相似的条款：为了全面实现人人享有受教育权的目的，缔约国承认，"对那些未受到或未完成初等教育的人的基础教育，应尽可能加以鼓励或推进"。"基础教育"（fundamental education）一词一般是指成人教育，包括读、写、算能力以及适应社会的基本能力的教育。②与初等教育在国际公约中是强制性的不同，成人教育或基础教育是可选择的，即成人可以选择是否利用国家提供的成人教育设施。

成人教育已被视为农村发展的一个重要前提。1979 年在罗马举行的世界农业改革与农村发展大会所通过的《行动计划》第Ⅶ部分承认，为居住在农村地区的男人和女人，建立和拓展有关的培训并扩大其人际关系网络，发展并促进其潜能以增强其生产力和增收能力是极为重要的。

地区性的人权体系也在各种文件中提到成人教育。美洲国家间人权体系在这方面的贡献尤为显著。《美洲国家组织宪章》第 48 条要求成员国加强自身的成人教育制度。1962 年《中美洲教育基本规范统一公约》则探讨得更加深入，要求中美洲的教育制度给予成人教育以优先权。《美洲人权公约在经济、社会及文化权利领域的补充议定书》第 13（3）（d）条则重申了《经济、社会及文化权利国际公约》第 13（2）（d）条的内容。在欧洲委员会体系内，成人教育已经得到 1961 年《欧洲社会宪章》第 10 条的承认，该条第 3 款要求缔约国提供并增强"充分和便利的成人劳动者的培训设施"。

联合国教科文组织已经尝试为成人教育制定不具拘束力的国际标准。1976 年，在第 19 届大会上，联合国教科文组织通过了《关于发展成人教育的建议》，该建议再次重申了《世界人权宣言》第 26 条以及《经济、社会及文化权利国际公约》第 13 条的内容。该建议指出，成人教育的目的是发展学习能力、发展对多元文化的尊重，以及加深对社会问题的理解。《关于发展成人教育的建议》敦促每个联合国教科文组织的会员国：

——承认成人教育是教育制度的一个必要组成部分；
——鼓励创设各种教育项目以不歧视地满足所有类型成人的需求；
——消除在成人教育中对妇女的孤立；
——采取措施促进人口中弱势群体及文盲群体的参与。③

联合国也关注针对妇女和女童的成人教育项目发展。1967 年《消除对妇女歧视宣言》第 9（d）条，号召会员国采取适当措施确保女童和妇女"接受成人教育，包括成人识字教育的机会均等"；1979 年《消除对妇女一切形式歧视公约》详细阐述了第 9（d）条所包含的不具拘束力的标准，其第 10（e）条和第 10（f）条规定：

缔约国应采取一切适当措施，消除对妇女的歧视，并保证妇女在教育方面享有与男子平等的权利，特别是保证……

（e）接受成人教育，包括成人识字和实用读写教育的机会相同，特别是为了尽早缩短男女之间存在的教育水平上的一切差距。

（f）减少女生退学率，并为离校过早的女童和妇女安排各种方案。

成人教育项目的发展应适应妇女的需要。1985 年在内罗毕举行的"审查与评估联合国妇女十年成就世界大会：平等、发展与和平"的部分日程就提到了这一点。大会通过的《到 2000 年促进妇女发展前瞻规划》的第 165 条，敦促各国政府"鼓励为那些因为家庭责任、缺乏经济来源或是早孕而从未完成学业或被迫中断学业的妇女提供教育项目，并对这些项目予以财政支持"。

在家教育

父母是否有权利在家教育其子女以代替正规学校教育，国际及地区性的人权文件并未明确提及此问题。因此，是否存在这样一项权利就成为各国在其国内法中决定的事情。

国家必须努力在两项自由权之间努力取得平衡。一方面，在思想自由、宗教自由及对家庭隐私权的尊重④基础上，父母有在如何教育其子女的问题上主张免受国家干预的自由。另一方面，《儿童权利公约》的缔约国在第 29 (1)（d）条下有义务确保所有儿童接受能够促进"谅解、宽容、友好及在自由社会过有责任感的生活"的教育。有观点认为，儿童在家接受教育，特别是出于宗教的原因，将会限制他们探索多种不同观点的自由。⑤因此在那些允许父母选择在家教育的国家，政府部门监督儿童所受教育的质量就是合法的。基本上来讲，这种监督应包括确保在家教育满足教育、道德和社会发展的特定最低标准，并在极少数情况下，保护儿童免受在家教育带来的严重的身体和情绪上的伤害。

一些国家认为在家教育有足够的重要性，值得宪法予以承认。例如，《丹麦宪法》第 76 条和《爱尔兰宪法》第 42 条都允许父母或监护人提供在家教育，只要满足特定的最低标准即可。⑥《苏联宪法》第 45 条在规定"提供自我教育设施"的部分间接地认可了在家教育的合法性。在缺乏宪法明确保障的前提下，一些国家通过普通立法规范了在家教育。例如，在英国，父母的教育责任可由入学得以解除。其《1944 年教育法》第 36 条规定："每一个义务教育学龄儿童的父母都有责任使其子女接受充分的全日教育，这种教育应适合其年龄、能力和资质，经由学校教育或是其他方式实现。"然而，根据一位评论家的观点，"父母试图在家教育的大多数努力并不能按照第 36

条的要求充分实现"。⑦实际上，英国地方教育当局已经对在家教育提供的课程的适当性产生质疑。⑧在美国，"充分的"在家教育可以代替入学接受义务教育。大多数州只是要求在家提供的教育能够与公立学校提供的教育大致相当。对于某些事务，比如必修课程的教学、每日教学的小时数、每年教学的天数以及图书资料的充分性等，父母无须去证明在家教育与学校教育的等同性，这一点已经得到法院的普遍认可。⑨

《欧洲人权公约第一议定书》第 2 条是否包含在家教育或被教育的权利问题，已经受到欧洲人权委员会的注意。第 2 条规定：

> 没有人可被否认受教育的权利。国家在行使任何与教育有关的职责中，将尊重父母按照其宗教和哲学信仰来保证得到此类教育和教学的权利。

根据欧洲委员会的观点，第 2 条很明显"意味着国家有权利建立义务教育，它可以是公立学校或满足条件的私立学校，确立和实施一定的教育标准也是该项权利内在的一部分"。⑩如此，国家可以要求父母合作来评估他们子女的教育发展，这并不违背"尊重父母意愿"的要求。其他裁判的情况也基本一致，只要所提供的教育符合规定的国家教育标准，在家教育就是允许的。

最近在国际层面提到在家教育和社区教育话题的是 1990 年联合国教科文组织赞助的世界全民教育大会。大会公布的《世界全民教育宣言》第 5 条规定："只要与学校的学习标准相同，并且获得充分的支持，补充性的替代教育项目有助于满足那些受到限制或没有机会到正规学校接受教育的儿童的基本学习需要。"

技术和职业教育

尽管国际及地区性的人权文件都没有定义"职业教育"，但仍然可以从两个渠道得到一些线索。首先，欧洲法院在解释《罗马条约》第 128 条含义的时候尝试定义这一概念。《罗马条约》第 128 条规定："［共同体］理事会应……制定实施职业培训政策的一般原则"，欧洲法院在格瑞威尔诉列日市案（Gravier v. City of Liege）⑪中，将"职业培训"定义为：

任何为获得一个特定职业、商业或雇佣做准备，或是为这样一个职业、商业或雇佣提供必要培训和技术的教育形式就是职业教育，不管所培训学生或学徒的年龄和程度，也不管培训课程中是否包括普通教育的因素。

联合国教科文组织也曾尝试在 1974 年《关于技术和职业教育的修订建议》中定义"技术和职业教育"一词，指出这样一种教育是指"教育过程中包含的除了普通教育之外的其他方面，包括对技术和相关科学的学习，以及对经济与社会生活各个部分中与职业相关的实用技术、态度、理解和知识的掌握"。

一些国际公约提到了技术和职业教育权。《世界人权公约》第 26（1）条要求技术教育应是普遍可获得的。《经济、社会及文化权利国际公约》第 6（2）条要求各缔约国采取并实施技术和职业教育指导与培训项目，以作为保证全面实现工作权的一种手段。《儿童权利公约》第 28（1）条在此方面要求缔约国承担两项义务，第 28（1）（b）条要求缔约国鼓励在中等教育阶段发展职业教育，第 28（1）（d）条要求他们"使所有儿童均能得到教育和职业方面的资料和指导"。

职业教育在地区性人权文件中同样占有突出的地位。根据《美洲国家组织宪章》第 48 条，成员国应当加强其职业教育体系。并且与《经济、社会及文化权利国际公约》第 6（2）条呼应，《美洲人权公约在经济、社会及文化权利领域的补充议定书》第 6（2）条也要求缔约国采取措施使工作权能够充分有效地实现，包括职业指导和开展技术与职业培训项目。对职业教育权规定最详细的还是欧洲委员会的《欧洲社会宪章》，其第 9 条以及第 10 条的前两款规定如下：

第 9 条

为了有效地行使享受职业指导的权利，缔约各国保证有必要提供或增强一项服务，它将协助所有人，包括残疾人，来解决那些与职业选择和发展有关的问题，并考虑个人的特点及它们与就业机会的关系；此项保证将向年轻人，包括在校学生，以及成人免费提供。

第 10 条

为了保证有效地行使享受职业培训的权利，缔约各国保证：

1. 与雇佣者和劳动者组织进行协商，为所有人，包括残疾人，提供或增强技术及职业培训，并且根据个人的才能给予接受高等技术或大学教育的便利；

2. 为在不同的岗位上培训青年男女而提供或增强实习……的制度。

《欧洲社会宪章》第 7（4）条要求缔约国限制 16 岁以下者的工作时间，以与其职业培训的需要相符合。欧共体理事会在 1976 年 2 月 9 日通过了《在雇佣、职业培训、晋升和工作条件方面实施男女平等对待原则的指示》，指示第 4（c）条规定"缔约国应采取一切必要措施确保……职业指导和职业培训……能够在没有任何性别歧视的同等标准和同样层次上具有可进入性"。欧洲议会近来再次确认职业培训的权利。1989 年 4 月 12 日的《欧洲议会基本权利和自由宣言》规定："人人有权接受与其能力相适应的教育和职业培训。"

在制定技术和职业教育标准方面，有两个联合国的机构最为活跃，它们分别是国际劳工组织和联合国教科文组织。1962 年，国际劳工组织大会通过《社会政策（基本目标与标准）公约》[12]，根据其第 14（1）（d）条的规定，废除工人在职业培训机会方面的一切歧视应成为每一缔约国的国内政策目标。其第 15（1）条要求缔约国提供充足供应，"本着为男女性别的儿童和年轻人为有益职业做有效准备的目的，最大限度地在当地条件下渐进发展广泛的教育制度、职业培训和学徒制度"。国际劳工组织《人力资源发展中的职业指导和职业培训公约》[13]第 2 条规定缔约国应当逐步扩展它们的职业指导以确保儿童可以获得全面的信息和最广泛的可能的职业指导。除了这两部公约，国际劳工组织大会还基于其成员国的考虑通过了下列不具拘束力的建议：

《职业指导建议》，1949（第 87 号）

《职业培训（农业）建议》，1956（第 101 号）

《职业培训建议》，1962（第 117 号）

《人力资源发展中的职业指导与职业培训建议》，1975（第150号）

联合国教科文组织在此领域的主要贡献是教科文组织大会在1974年通过了《关于技术和职业教育的修订建议》，该项文件在许多方面都值得注意。该文件通过致力于使男性和女性平等获得此类教育，并为妇女、移民、辍学青年人和身体或智力残疾的人提供特别的帮助，寻求为更广泛的民主做出贡献。《关于技术和职业教育的修订建议》还指出，对当代文明的技术方面的认识，以及对工作世界的介绍必须成为初等以上普通教育和继续教育中的必要内容。

健康教育

正如1990年世界全民教育大会所指出的那样，学习不会孤立地发生。教学决策的成功在很大程度上取决于社会能够确保学生为参与教育或是从教育中获益所需要的营养、健康照顾和支持的程度。[14]人们已经认识到，教育与较好的健康和营养、较高的儿童存活率以及较低的人口出生率具有强烈的关联性。[15]因此，教育既是良好健康的原因，也是良好健康的结果。

几个主要的人权文件都承认儿童有接受基本健康教育的权利。《儿童权利公约》第24（2）（e）条和第24（2）（f）条各自要求缔约国采取适当措施确保父母和儿童接受基本的与儿童健康及营养有关的知识，并要发展预防性保健和计划生育教育及服务。近来，健康教育的重要性也受到非洲统一组织的承认。1990年《非洲儿童权利与福利宪章》第11（2）（h）条规定非洲儿童的教育应当促进儿童对基本卫生保健的认识。

尽管卫生保健对男女性别的儿童都重要，但它对女童和年轻的妇女更为重要。《到2000年促进妇女发展前瞻规划》[16]第164段指出，提升妇女的健康教育水平与儿童存活和生育间隔之间具有紧密的联系。世界卫生组织和联合国儿童基金会是在促进基本健康教育方面最为活跃的联合国机构，两机构都强调在儿童生存权背景下女性读写能力的重要性。[17]

注　释：

① 同时参见《世界人权宣言》第 27 条。

② P. Arajärvi "Article 26" in A. Eide（ed.）*The Universal Declaration of Human Rights*：*A Commentary*（1992）405，409。

③ 同时参见联合国教科文组织的《全民教育第二个中期计划（1984—1989）》，其目标包括加强成人的读写培训。

④《公民与政治权利国际公约》第 17 条和第 18 条。

⑤ P. Hobson and R. Cresswell "Parental Rights, Education and Liberal Tolerance"（1993）14 *Discourse* 44，50.

⑥ Arajärvi, op. cit., 424. B. Walsh "Existence and Meaning of Fundamental Rights in the Field of Education in Ireland"（1981）2 *Human Rights Law Journal* 319.

⑦ A. Bainham *Children, Parents and the State*（1988）160.

⑧ D. Milman *Educational Conflict and the Law*（1986）41.

⑨ S. Davis and M. Schwartz *Children's Rights and the Law*（1987）134 – 135.

⑩ *Family H v. United Kingdom*（1984）37 D & R 105.

⑪ Case 293/83，［1985］E. C. R. 593.

⑫ No. 117.

⑬ No. 142（1975）.

⑭《世界全民教育宣言》第 6 条。

⑮ U. N. I. C. E. F. *The world summit for children*（1990）32. 同时参见《实施儿童生存、保护和发展世界宣言的行动计划》中的原则 20（"……教育和消除文盲问题上的进展可以为提高母亲和儿童的健康做出重要贡献……"）。

⑯ 审查与评估联合国妇女十年成就世界大会：平等、发展与和平（内罗毕，1985 年）通过。

⑰ D. Hodgson "The Child's Right to Life, Survival and Development"（1994）2 *The International Journal of Children's Rights* 369，383 – 384.

12. 父母的教育权利

引言

约翰·洛克在其名著《政府论》（下篇）中指出，父母有义务教育其子女直至其能够充分并适当地行使其自由。①托马斯·杰克逊认为父母的这种义务相当重要而且具有专属性，因此他拒绝支持实施无视"父母的意愿"的儿童义务教育。②在现代社会，儿童的教育由父母及其监护人与正规的教育体制共同负责。用当下的话说，父母教育义务的概念已经很大程度上被父母的教育权和自由所取代。尽管当前的趋势是父母教育权的逐渐萎缩，然而，其影响仍然举足轻重。

人们提出了许多理由来支持父母在其子女教育问题上具有合法的决策地位。传统的观念认为，父母与儿童之间的爱与亲情的天然纽带使得父母成为最好的理解何为其子女最大利益的人。因此，有观点认为父母应有权代表其子女的权益来决定是否送他们到学校、送他们到哪类学校以及他们应该在学校学习什么。③其他的理由包括：社会利益的多样化与多元化；免受政府主导学校的灌输；避免过度地干预家庭生活从而允许父母引导其子女形成他们认同的信仰和特定的生活行为模式。④

国际文件对父母为其子女选择教育种类的权利的承认

父母根据自己的宗教或哲学信仰选择其子女教育的权利，或是被作为宗教与信仰自由的一部分，或是在受教育权的框架内，均已被国际人权文件所规范。《世界人权宣言》第 26（3）条是后一种形式的典型代表，其规定父母有"优先权利选择其子女应接受的教育种类"。联合国 1959 年《儿童权利宣言》则稍微模糊一些。其原则 7 只是规定："儿童利益的最大化应成为对其教育负责的人的指导原则。"在起草《儿童权利公约》的时候，国际天主教儿童署希望清晰地在公约中规定父母为其子女选择宗教教育的权利，同时危地马拉和以色列的代表提出儿童有权在其父母的信仰下被抚养长大。虽然这些建议被拒绝了⑤，但其大部分内容还是被吸收进联合国《消除基于宗教或信仰原因的一切形式的不容忍和歧视宣言》⑥。其中宣言的第5（2）条规定：

所有儿童均应享有按照其父母或法定监护人的意愿接受有关宗教或信仰方面的教育的权利；不得强迫他们接受违反其父母或法定监护人意愿之宗教或信仰的教育，关于这方面的指导原则应以最能符合儿童的利益为准。

有一些国际公约为父母教育权奠定了更为牢固的基础。⑦联合国教科文组织《取缔教育歧视公约》第5（1）（b）条记录了各缔约国的一致意见，承认尊重父母为其子女选择私立的但却符合政府规定最低标准的教育机构，以及确保子女的宗教和道德教育与其自身的信仰一致的自由的必要性。⑧《经济、社会及文化权利国际公约》第13（3）条实质上与上一条如出一辙。《公民与政治权利国际公约》第18（4）条也同样要求缔约国"尊重父母和（如适用时）法定监护人保证他们的孩子能按照他们自己的信仰接受宗教和道德教育的自由"。与联合国教科文组织的规定不同，《公民与政治权利国际公约》将父母自由放在了确保思想、良心和宗教自由的框架内。该项自由是如此根本和重要，以至于第18条的整条内容都是该公约中为数不多的不可被缔约国减损的条款。⑨《公民与政治权利国际公约》的准备工作文件中揭示出第18（4）条的潜在目的：保护父母的信仰并以一种保护其子女在公立学校中免受政府灌输风险的方式予以提供。在草案辩论过程中，许多国家的代表回忆起纳粹滥用德国教育制度的罪恶行径。⑩

父母为其子女选择教育类型的权利在《儿童权利公约》中的表述相比之下就要弱一些。其第14（2）条规定："缔约国应尊重父母以下的权利和义务……以符合儿童不同阶段接受能力的方式指导儿童行使其权利［思想、信仰和宗教自由］。"基本的权利享有者是儿童而非父母，父母只是行使提供指导的权利，直到儿童足够成熟并能够做出自己的判断为止。《儿童权利公约》与其他国际公约不同，它没有包含尊重父母根据自己的信仰教育子女的权利的条款，这大概是在一部关于儿童权利的文件中包含这样一个条款不够适宜的缘故所致。然而，在公约的二审过程中，荷兰、意大利、梵蒂冈教廷、爱尔兰、加拿大和美国都对这一条款的缺乏表示关注。[11]

地区文件对父母为其子女选择教育种类的权利的承认

三大地区性人权体系都在条约中承认父母有为其子女选择教育种类的权利。但正如下文所示，欧洲系统在界定相关标准方面处于领先的位置。

《美洲人权公约》在一个关于思想与宗教自由的条款中规定了父母的相关权利。其第 12（4）条规定："根据情况，父母或监护人有权按照他们自己的信念，对其子女或被监护人进行宗教和道德教育。"相反的是，《美洲人权公约在经济、社会及文化权利领域的补充议定书》却是在受教育权的框架体系内承认父母的该项权利。作为对《世界人权宣言》第 26 条的回应，其第 13（4）条承认父母有权选择子女所接受的教育的类型。至于非洲统一组织，其《非洲儿童权利与福利宪章》第 11（4）条规定成员国应当尊重父母确保其子女的宗教与道德教育的权利和义务。[12]

欧洲共同体关于父母权利的规定出现在《欧洲人权公约第一议定书》的第 2 条，它规定：

> 没有人可被否认受教育的权利。国家在行使任何与教育有关的职责中，将尊重父母按照其宗教和哲学信仰来保证得到此类教育和教学的权利。[13]

第 2 条的第 2 句是一个折中的结果，相比公约中的其他条款，被更多国家所保留。[14]第 2 句的基本目的是防止国家的教化与灌输。[15]国家作为教育服务的最主要提供者，有义务不利用其权力性及影响性的地位只推行一种观念或价值观而排除其他。[16]

对于"宗教和哲学信仰"这个用语的范围与含义，欧洲人权法院多次给予解释。1976 年，法院在杰德森、布斯克·马森和佩德森诉丹麦案[17]中被要求解释是否学校中强制性的性教育违反了第 2 条第 2 句。性教育多年以来在丹麦公立学校中都是一门选修课程。但在 1970 年，丹麦议会决定效仿瑞典，通过立法修订《1966 年公立学校法》，以在公立小学引入强制性的性教育。在此修正案中，性教育不再作为一门单独的课程进行讲授，而是与其他科目的教学整合在一起。结果，丹麦的父母将失去他们现有的不让其子女接受性教育课程的权利。一些儿童的父母认为该修正案侵犯了他们确保其子女的教育与其基督教的信仰一致的权利，并因此构成对第 2 条的违反。法院在承认父母有要求政府尊重他们的宗教和哲学信仰权利的同时，认为课程的设置和规划属于国家的权限。第 2 条第 2 句所包含的针对政府的权限要求程度被法院表述如下：

国家在履行其与教育教学有关的职能时，必须考虑课程中所包含的信息和知识是以一种客观、批判和多元的方式被传授。禁止国家进行被视为不尊重父母宗教和哲学信仰的教化。[18]

由上可见，国家无权实行特定的教化政策。但法院的判决结果认为，丹麦并未违反第 2 条，因为在法院看来，丹麦的立法不足以构成试图支持一种特定形式的性行为的教化。相反，这项立法是为向儿童呈现较之于其他获得渠道更为客观和准确的相关信息。[19]

在坎贝尔和克森斯诉英国案（Campbell and Cosans v. U. K.）[20]中，欧洲人权法院面临着为第一议定书第 2 条第 2 句的目的确定"哲学信仰"界限的艰巨任务。两个原告寻求地方教育当局保证他们的儿子在学校中免受体罚，但都遭到拒绝。原告声称这种拒绝侵犯了他们在第 2 条下确保其儿子的教育与其哲学信仰一致的权利。英国政府辩护说原告关于体罚的观点不包含在第 2 条所指的"哲学信仰"之内。法院认为，"哲学信仰"的表述指出"这种信仰在一个'民主社会'是值得被尊重的……而非有悖于人类尊严；并且，他们不与儿童的受教育权冲突，整个第 2 条是以第 1 句为主导的"。[21]因此，法院认为父母反对体罚是建立在第 2 条所指的哲学信仰基础上的，因为它们具有"一定程度的说服力、严肃性、凝聚力和重要性"。[22]

如果父母的反对充分建立在一种宗教或哲学信仰的基础上，《欧洲人权公约》的成员国有义务"尊重"他们的权利。"尊重"（respect）这些信仰的义务只有在被弱化为"注重"（have regard to）这些信仰时才会被免除。[23]一般来说，如果教育当局允许儿童不参加一些令其不愉快的课程，那么父母的拒绝权利就应受到尊重。然而，正如欧洲人权法院在坎贝尔和克森斯诉英国案中所指出的，儿童仍然保留他们的受教育权。如此，如果国家不能以一种敏感地回应父母信仰的方式来提供公共教育，它就必须允许他们建立私立学校。㉔

国内法对父母为其子女选择教育种类的权利的承认

父母为其子女选择教育种类的权利的重要性也已被一些国家的宪法所充分认可并得到保障。比如，《塞浦路斯宪法》（1960）第 20（1）条承认父母有权确保其子女的教育与其自身的宗教信仰一致。根据《爱尔兰宪法》第 42 条，国家保证尊重父母不可剥夺的权利和义务，并根据父母的意愿为其子女提供宗教与道德、智力、身体和社会教育。国家不能强迫父母违反其良心和法律许可的优先选择权将子女送往公立学校。㉕

美国对父母在教育领域信仰的尊重是经由美国宪法第 1 修正案有关宗教自由㉖的"自由实践"（free exercise）和"建立"（establishment）条款以及第 14 修正案的平等保护条款加以保护的。美国联邦最高法院的早期判例被解释为支持"州政府在没有特殊原因的时候无权干预父母的宗教信仰"的原则。例如，在 1925 年的皮尔斯诉姐妹会判例㉗中，一项只认可公立学校入学才能满足义务教育法要求的州法被最高法院宣布为违宪。该判例涉及州政府管控教育的权力与父母为其子女选择私立学校的权利之间的直接冲突。俄勒冈州《1922 年义务教育法》要求 8—16 岁的儿童的父母只能送他们到公立学校上学，该法最终被法院宣布为是对父母教导其子女的权利的粗暴干涉。在宪法第 14 修正案中，父母在公立教育与私立教育（宗教或非宗教的）之间进行选择的权利被规定为一项"基本自由"。最高法院称"州没有普遍的权力通过强迫儿童只接受公立学校教师的教育来使其儿童标准化"。㉘

1972 年的威斯康星州诉约德案（Wisconsin v. Yoder）㉙中，美国联邦最高法院被要求裁定父母的宗教信仰自由与威斯康星州的义务教育法之间产生的冲突。属于阿们宗派的父母声称八年级之后的强制性正规教育的实施将会严重破坏他们宗教信仰的自由实践。最高法院认为，宪法第 1 修正案和第 14 修正案相结合产生的综合效果，禁止威斯康星州强迫阿们宗派的父母要求其已从八年级毕业的子女继续接受正规的公立或私立高中教育直到年满16周岁。法院由此进一步限制了州对于教育的控制权，它指出：

州对于普遍教育的利益……当其侵犯到基本权利与利益，如那些被第1修正案自由实践条款所保护的权利和利益以及父母对其子女的宗教教育所具有的传统利益时，不能完全免于一个平衡的过程。[30]

儿童参与影响其教育的决定的权利

当代的一个重要问题是儿童是否拥有或者是否应该拥有相关权利来参与那些有关他们所接受的教育的种类的决定，这样他们的教育就能够与其自己的宗教或哲学信仰一致。尽管父母与儿童在此领域的想法大多是一致的，但也并不总是如此。儿童应在诸如性教育、语言教学以及被父母认为与其家庭信仰或价值观相反的特定活动方面，具有自己的独立权益。

国际文件传统上将父母在决定其子女教育中的地位认为是父母的一项权利，而不是父母代表其子女行使的儿童权利。[31]直到近来，由于建立在儿童与其父母的利益是一致的假设基础上，儿童仍未被确认有决定其自身教育的法律权利。但是，现在已经逐渐有教育学家[32]和法学家[33]一起呼吁给年轻人选择其自己受教育道路的权利，而国际人权法应对此提供更强的保护。人们提出，童年无能的看法不是绝对的，儿童是在逐渐发展他们的能力，因此也发展了他们做出负责任决定的权利。[34]因此，儿童应被允许参与那些影响他们并在一定程度上与其年龄和理解力相称的教育决定。[35]实际上，一个教育学者已经反驳说，在初等教育阶段，父母应当在儿童尚不能为自己做出正确决定之际起到决定性的作用，但当学生已经成长到中等教育阶段时，他们自己做出教育选择的说服力就大大增强。[36]

20世纪七八十年代发生的几起司法判例开始接纳这种新的“官能性能力”（functional capacity）的思路。在1972年的威斯康星州诉约德案中，美国联邦最高法院的多数法官没有能够处理阿们宗派父母与其子女在后者的教育类型的利益方面存在的潜在冲突。然而，道格拉斯（Douglas J.）法官认识到，阿们宗派儿童的个人利益受到了极大挑战。他认为学生或许存在愿意脱离阿们宗派传统的可能性，因此在他们被父母要求从正规教育中退学之前，应有机会在法庭上表达他们自己的观点。道格拉斯法官经由附带陈述指出，如果阿们宗派的儿童愿意到高中就读，并且他们也足够成熟到做出负责任且明智的决定，州就应能够压倒父母在宗教方面提出的反对理由。[37]同样的问题也在欧洲共同体内被讨论过，克尔贝格（Kellberg）先生在杰德森、布斯克·马森和佩德森诉丹麦案中独立发表的同意意见指出，现有的对儿童权利的强调并不充分。他认为随着学生年龄的增长，其在形成独立的宗教与哲学信仰观点并判断何为其最大教育利益方面的能力也随之发展。[38]1986 年，在吉利克诉西诺福克和威斯贝奇地区卫生局案（Gillick v. West Norfolk and Wisbech Area Health Authority）[39]中，英国上议院遇到关于父母的信仰与其子女的独立利益之间冲突的问题。斯卡曼（Scarman）勋爵指出英国普通法在此领域的一项潜在原则："当儿童达到充分的理解力和智慧，能够在需要做出决定……的事项上形成自己观念的时候，父母权利应对儿童权利让步。"[40]

儿童不断发展的能力也已经被国际会议、议会决议和国际人权文件所承认。1979 年 1 月，西欧和东欧的 19 个国家的代表出席了在华沙举行的一个儿童权利法律保护的会议。会议通过了《官方原则宣言》，其原则 5 承认儿童在决定教育项目的内容与形式方面具有重要地位。欧洲议会 1984 年 3 月 14 日在《欧洲共同体的教育自由决议》的原则 7 中规定："父母有权为其子女选择学校直到后者能够自己进行选择。"1990 年《非洲儿童权利与福利宪章》第 11（4）条规定，成员国应尊重父母的权利和义务以"确保儿童的宗教和道德教育与儿童逐渐发展的能力相匹配"。

然而，对儿童能力发展最为综合和深远的认可还是在《儿童权利公约》的多项条款当中。其第 5 条要求缔约国尊重那些对儿童负有法律责任的人的权利，他们可以以"符合儿童不同阶段接受能力的方式适当指导和指引儿童行使本公约所确认的权利"。第 14（2）条在专门涉及儿童的思想、信仰和宗教自由的部分对缔约国提出了同样的义务。[41]第 12（1）条要求缔约国"确保有主见能力的儿童有权对影响到其本人的一切事项自由发表自己的意见，对儿童的意见应按照其年龄和成熟程度给予适当的看待"。这些条款加上第 28

（1）条（关于儿童的受教育权）之后产生的综合效果就是，年纪较大和较为成熟的儿童在公约下有权参与那些有助于确保其教育与其自身宗教和哲学信仰相一致的决定。[42]在儿童参与那些被父母视为有违其信仰的学校活动时，如果儿童足够成熟且可负责任地做出他/她自己的明智决定，那么该决定在大多数情况下应被视为是站得住脚的。[43]

个人和团体设立和管理私立学校的自由

国际人权法允许非公立学校的存在，但并不要求国家采取积极的措施为其提供资助。[44]一些国际性及地区性的条约并不说设立和管理私立教育机构的"权利"，而只是说这是一项"自由"（liberty or freedom）。

联合国教科文组织1960年的《取缔教育歧视公约》认为存在两类教育机构，其设立和开办不会构成歧视。第一，第2（b）条提到为宗教或语言的原因设立或维持分开的教育机构，只要其入学是由人随意选择的，而且所提供的教育又符合主管当局所确立的最低标准。第二，第2（c）条提到建立和维持私立学校，如果这些学校的目的不在于排斥任何一群人，而在于在公共当局所提供的教育设施之外另再提供其他教育设施，并且所提供的教育又符合最低标准。《经济、社会及文化权利国际公约》第13（4）条承认"个人或团体设立及管理教育机构的自由"，只要其符合第13（1）条所确立的教育目的，并且符合国家规定的最低标准。《儿童权利公约》第29（2）条实质上是相同的条款。值得注意的是，起草者选择了"自由"而非"权利"一词以防止被误解为国家有义务为公立学校之外的儿童教育提供物质援助。[45]根据其准备工作文件，之所以引入国家最低教育标准，其目的在于减少后顾之忧，以免由于个人自由实践的泛滥而导致其教学有悖于第13（1）条所规定的教育目的，另外，也降低了"外国组织"假借教育之名进行颠覆性宣传渗透的可能性。[46]

地区性人权体系也承认个人和团体设立与管理私立学校的自由。《美洲人权公约在经济、社会及文化权利领域的补充议定书》第13（5）条指出："个人和团体有根据成员国国内法设立和管理教育机构的自由。"在欧共体系中，《欧洲人权公约第一议定书》第2条没有明确指出是否有在公立学校之外设立学校的权利。正如一些评论者提出的很有说服力的论据所言，第2条第2句的要求——也就是说，国家应当尊重父母的宗教与哲学信仰——可被论证为实际创建了允许开办一些私立学校的命令。[47]在乔德伯诉瑞典案[48]中，欧洲人权委员会持如下观点：第2条保证开办和管理私立学校的权利，只要其遵从国家为了确保教育质量而制定的规则，但国家不能运用制定规则的权力使设立私立学校变为不可能。[49]

一般来说，国家不会反对设立私立学校。在此领域最具争议的问题在于，国家是否有或者是否应当有义务像对公立学校那样，对私立学校提供财政与物质资助。因为少数群体时常处于经济上的不利处境，他们主张国家在允许私立学校存在之外具有更多的义务；国家也必须资助他们。[50]那些开办私立学校的组织的代表指出，教育自由只有在私立学校必须免费的公平基础上才可达成，而这只能通过公共财政支持才会实现。[51]

国际联盟体系下的少数者条约的确有对少数者学校提供公共资助的公平条款，例如，《主要协约国及参战国与波兰的协定》[52]第9条部分规定：

在聚居有相当比例的属于种族、宗教或语言上少数者的波兰国民的城镇和地区，为了教育、宗教或慈善的目的……应确保这些少数者在享有和申请来自公共基金的资金中得到公平的份额。

然而，当代国际法没有要求国家对私立教育提供任何资助或创设条件如税收优惠，以使私立学校更容易开办。[53]《公民与政治权利国际公约》只在第18（4）条指出缔约国有义务允许父母在不同类型的教育之间进行选择，前提是确实存在这些学校。[54]《公民与政治权利国际公约》的准备工作文件进一步确认国家没有法律义务根据父母的优先选择而资助教育。[55]联合国人权委员会也指出，国家没有资助私立学校不构成《公民与政治权利国际公约》第26条中的歧视。在布洛姆、林德格伦等人和约德等人诉瑞典案（Blom, Lindgren et al and Hjord et al. v. Sweden）中，人权委员会认为瑞典拒绝为私立学校的膳食和教科书提供资助并没有违反第26条。这些案件中，原告诉称，瑞典政府通过提供免费校车、教科书和学校膳食等形式，给予公立学校以优先对待，认为这是对私立学校的歧视。然而委员会否决了原告的意见，其原因是"父母自由选择那些普遍向一切人开放却对自己的利益不利的学校，不能视为国家一方对父母的歧视"。[56]因此，毫无疑问地表明，缔约国在《公民与政治权利国际公约》下没有义务直接或间接资助私立学校。

同样的问题也在《欧洲人权公约》中被讨论。其准备工作文件表明，《欧洲人权公约第一议定书》第 2 条第 2 句的基本目的是为了保护父母的权利以防国家通过公立学校向学生进行灌输，而不是为了设立和持续开办私立学校。[57]欧洲人权法院和欧洲人权委员会的决定都确认《欧洲人权公约》的缔约国没有义务资助私立学校或为私立学校的设立或维持创设有利的条件。在比利时语言案中，欧洲人权法院认为，缔约国不接受，公约也没有要求，对受教育权做如下理解，即"……要求它们（缔约国）以自己的费用设立或者资助任何特定类型或特定层次的教育"。[58]欧洲人权委员会已经拒绝了许多来自不同国家的私立教育机构依据《欧洲人权公约第一议定书》第 2 条而提出的申请。人权委员会在 W 和 KL 诉瑞典案（W and KL v. Sweden）[59]中认为，缔约国在《欧洲人权公约》下没有义务资助其许可的私立教育，因此，拒绝对私立学校的学生提供资助不会违反第 2 条。如此，从欧洲人权委员会的观点看，仅仅允许设立私立学校就已经充分满足了第 2 条的要求。

联合国教科文组织的《取缔教育歧视公约》是有关受教育权的最为综合性的国际文件，但在资助私立学校的问题上却保持了沉默。面对这种沉默，该问题最终还是要被解决，因为它作为国家的一部分资源是与许多其他社会与经济权利密切联系在一起的。[60]资助的问题之所以重要，正如一位评论者所言，是因为一个国家若要直接取消私立学校，它会明显地违反国际法，但它却可以通过一些间接、不违法的手段，比如财政体系达到同样的目的。[61]国际法在这个问题上的未来发展方向，或许可以从欧洲议会 1984 年 3 月 14 日关于《欧洲共同体的教育自由决议》中得到一点提示，该决议规定："成员国有义务向公立或私立的学校提供必要的设施。"

宗教教育

宗教教育基本上有两种途径。第一种通常被描述为"教条主义"模式，儿童是在一种教条主义的方式中遵循一种特定信仰的原则接受教育。第二种可被描述为"泛基督教主义"模式，其宗教教育的目标是通过促进认知和理解宗教经验的意义而实现，并不试图劝导儿童形成某种特定的信仰[62]，其目的是试图发展儿童对主要宗教信仰体系和非宗教信仰的客观探究。两种途径的主要差别在于前者的目的是转变人的信仰，而后者则寻求告知相关信息。

一些人声称现代国家进行宗教教学已不再适宜，因为当代社会越来越向世俗主义发展。至于宗教教学的"教条主义"模式，人们认为它最好在正规教育之外由具有真实信仰与资格的人予以实施。因此，教育儿童形成某种特定信仰将是家庭和父母自己所在的宗教社区应发挥的作用。学校的角色只是告诉学生宗教的性质并为他们提供一个平台以进入宗教世界。正如一位评论者所言，宗教教育的"泛基督教主义"模式看起来是无懈可击地建立在自由民主的根基上的。[63]在他看来，合理地折中就是对世界主要宗教和信仰体系的全部内容予以广泛的公平对待。[64]在英格兰，父母们，即使是那些没有坚定宗教信仰的父母，都普遍支持儿童应在学校接受一些宗教教育的想法。[65]一些父母希望并期待他们的子女由此获得一种宗教信仰或一些基本的道德价值观。

国际及地区性的人权文件普遍没有承认接受宗教教育的权利。在国际联盟体系中，其以条约的形式确认了宗教教学的权利。《巴黎专约》[66]第106条规定："宗教教育应是常规学校课程的一部分。"然而，第106条是在不对国家监督权构成损害的条件下所做的规定。尽管国际天主教儿童署强烈游说和呼吁明确规定接受宗教教育的权利，但联合国《儿童权利宣言》中的原则7的最后文本并没有包含任何此类内容。[67]然而，国际文件确实包含的内容是，父母有权不让其子女接受任何的国家允许的宗教教学。这样一项权利的基础建立在参加宗教教育课堂将会造成冒犯父母的基本价值观和信仰。事实上，该项权利是被《巴黎专约》第106条清楚确认的，它规定："让儿童退出宗教教育的权利……应当根据那些对该儿童负有宗教养育责任的人所表达出的意愿授予。"后来的文件在一些更为间接的条款中，以一种"建议由儿童自己行使该项权利"的方式，确认退出宗教教学的权利。例如，《取缔教育歧视公约》第5（1）条规定："任何人不得被强迫接受同他们的信仰不一致的宗教教育。"有相似效果的还有《公民与政治权利国际公约》第18（2）条，它规定："任何人不得遭受足以损害他维持或改变他的宗教或信仰自由的强迫。"为了确保遵从这些条款，缔约国有必要允许儿童退出令其感到被冒犯的课堂或实践活动并为其设立单独的课堂。⑱

《公民与政治权利国际公约》第18条的第2和第4款都包含了尊重个人信仰的义务，信仰被扩展为各种形式，包括非宗教的信仰。在哈尔蒂凯宁诉芬兰案（Hartikainen v. Finland）⑲中，原告诉称其子女们在学校被免于接受强制宗教课程的学习，却必须参加有关宗教和伦理的历史课程，尽管他们没有在校外接受宗教教育，但原告还是认为这侵犯了其思想自由的权利。他诉称替代课程实质上是倾向于基督教教义和价值观。尽管芬兰政府否认这些指控，但它还是退一步承认被指控的课程的教学的确存在困难。欧洲人权法院在该案中采用的方法得到了联合国人权委员会的赞成，它指出：

芬兰相关的立法要求研究宗教和伦理历史的课程应当被宗教教育所代替，如果这种替代课程的教学是以一种中性和客观的，以及尊重那些不相信任何宗教的父母和监护人的信仰的方式进行的，委员会不认为它本质上不符合第18（4）条的规定……委员会相信芬兰正在采取一些适当的措施来解决这种困难……⑳

至于欧洲，其《欧洲人权公约第一议定书》第2条第2句关于尊重父母确保其子女的教育与其自身信仰相一致的权利的规定，暗示父母可以在公立学校提供的强制教育中遇到如此情况时做出代替性的安排。㉑在卡内尔和哈尔特诉瑞典案（Karnell and Hardt v. Sweden）㉒中，欧洲人权委员会遇到了这个问题。该案的原告是瑞典的信福音－路德教会教堂的成员，他们诉称被禁止给予其子女以适当宗教教育的权利。他们的子女上的是公立学校，必须参加学校的强制宗教教育，但他们的教会不允许提供替代性的宗教教育。后来瑞典政府同意全部满足原告的诉请，委员会也就批准了这个友好的解决方案，也即，如果父母提出要求，那么属于该教会的儿童可以不参加学校里的强制宗教教育。

在一些国家，父母将其子女从宗教教育课堂退出的权利是有法可依的。

根据英国《1944 年教育法》第 25（4）条的规定，父母可以将其子女从法律要求的宗教教学课堂中退出。[73] 而且，如果父母希望他们的子女接受学校不能提供的某种宗教教学，他们可以要求教育当局做出适当的安排，使这些儿童能够在学校时间到其他学校或到别处接受这种教学。[74] 相反的是，美国根据其禁止国会制定任何"确立宗教"的法律的宪法第 1 修正案，不允许公立学校开设宗教课堂。在标志性判例伊利诺伊州政府代理律师麦科勒姆诉教育董事会案（Illinois ex rel. McCollum v. Board of Education）[75] 中，联邦最高法院认为，公立学校设置解散时间让学生参加宗教教育违反了第 1 修正案。该案中，一个私立宗教团体在得到地方教育当局的同意以后，聘用包括天主教、新教和犹太教在内的宗教老师（在公立学校主管的监督下），每周在公立学校设施内进行一次宗教教育。一些学生应其父母的要求，被学校解散来参加这种教育，但其他学生不能被解散而必须完成公立学校的正常任务。最高法院对此判决如下：

　　被法律强制进入学校接受世俗教育的学生被部分解除法律义务而去参加宗教课堂，这毫无疑问是利用以税收建立和维持的公立学校制度去资助传播其信仰的宗教团体的行为。而这正是第 1 修正案所禁止的……[76]

注　释：

① 引自 F. Volio "The Child's Right to Education：A Survey" in G. Mialaret（ed.）*The Child's Right to Education*（1979）19，20.

② Letter dated 9 September 1817 from Thomas Jefferson to Joseph Caball in 17 *Writings of Thomas Jefferson* 417.

③ K. Foster "Parents' Rights and Educational Policy"（1989）21 *Educational Philosophy and Theory* 47.

④ "家庭"受到《经济、社会及文化权利国际公约》第 10 条和《公民与政治权利国际公约》第 17 条和第 23 条的承认和保护。

⑤ P. Veerman *The Rights of the Child and the Changing Image of Childhood*（1992）173.

⑥ 1981 年 11 月 25 日大会第 36/55 号决议宣布。

⑦ 父母在其子女教育问题上的宗教和道德信仰也得到国际人道主义法的承认。参见 1949 年《日内瓦公约附加议定书》（第一议定书）第 78（2）条关于保护国际性武装冲突受难者的规定和 1949 年 8 月 12 日《日内瓦公约附加议定书》（第二议定书）第 4（3）（a）条关于保护非国际性武装冲突受难者的规定。

⑧ 同时参见第 2（b）条，其规定出于宗教的原因而建立独立的教育机构以根据学生父母的愿望提供教育，不应被视为构成歧视。

⑨ 根据《公民与政治权利国际公约》第 4（2）条。

⑩ U. N. Doc. E/CN. 4/SR227. See also G. Van Bueren "Education: Whose Right is it Anyway?" in L. Heffernan (ed.) *Human Rights: A European Perspective* (1994) 339, 342.

⑪ Commission on Human Rights *Report of the Working Group on a Draft Convention on the Rights of the Child* E/CN. 4/1989/48 (2 March 1989) pp. 86 – 87, para. 491.

⑫ 同时参见《伊斯兰人权开罗宣言》第 7（b）条。

⑬ 同时参见《欧洲议会基本权利和自由宣言》第 16 条（"父母有根据其宗教和哲学信仰提供［教育和职业培训］的权利"），以及 1984 年 3 月 14 日欧洲议会关于《欧洲共同体的教育自由决议》中的原则 7（"为其子女选择学校是父母的权利……"）。

⑭ F. Jacobs and R. White *The European Convention on Human Rights* (2nd ed., 1996) 264.

⑮ *Kjeldsen, Busk Madsen and Pedersen v. Denmark* A 23 para. 53 (1976).

⑯ D. Harris, M. O'Boyle and C. Warbrick *Law of the European Convention on Human Rights* (1995) 540.

⑰ Judgment of 7 December 1976, Series A, No. 23; (1979 – 80) 1 E. H. R. R. 711.

⑱ Series A, No. 23, p. 26, para. 53.

⑲ 在之前的一个案例中，欧洲人权法院认为，第 2 条第 2 句含有"哲学信仰"一词，其意图并非是保证尊重父母在语言或文化事项上的优先权或意见。参见 the *Belgian Linguistic Case* Judgment of 23 July 1968, Series A, No. 6, p. 32, para. 6; (1979 – 80) 1 E. H. R. R. 252.

⑳ Series A, No. 48 (1982).

㉑ Id. para. 36.

㉒ Ibid.

㉓ A. Robertson "The European Convention on Human Rights: Recent Developments" (1951) 28 *British Yearbook of International Law* 359, 363 – 4.

㉔ X. U. K. No. 7782/77, 14 DR 179 (1978).

㉕ B. Walsh "Existence and Meaning of Fundamental Rights in the Field of Education in Ireland" (1981) 2 *Human Rights Law Journal* 319 – 320.

㉖ 第1修正案部分规定:"国会不得制定确立宗教或者禁止其自由行使的法律……"

㉗ 268U. S. 510 (1925).

㉘ Id. 535.

㉙ 406U. S. 205 (1972).

㉚ Id. 214.

㉛ 参见《世界人权宣言》第26(3)条、《公民与政治权利国际公约》第18(4)条、联合国教科文组织《取缔教育歧视公约》第5(1)(b)条、《欧洲人权公约第一议定书》第2条。

㉜ J. Holt *Escape from Childhood* (1974) Dutton, New York, 240 – 1.

㉝ M. Nowak "The Right to Education" in A. Eide (ed.) *Economic, Social and Cultural Rights* (1995) 189, 205.

㉞ H. Cullen "Education Rights or Minority Rights?" (1993) 7 *International Journal of Law and the Family* 143, 161.

㉟ A. Bainham *Children, Parents and the State* (1988) 168 – 169.

㊱ B. Crittenden "The Rights of Children" (1989) 5 *Melbourne Report* 4, 6.

㊲ *Wisconsin v. Yoder* 406 U. S. 205, 242 (1972).

㊳ Series B, No. 21 (1975), at p. 50.

㊴ [1986] A. C. 112.

㊵ Id. 186.

㊶ 第14(2)条规定:"缔约国应尊重父母并于适用时尊重法律监护人以下的权利和义务,以符合儿童不同阶段接受能力的方式指导儿童行使其权利。"

㊷ G. Van Bueren "Education: Whose Right is it Anyway?" in L. Heffernan (ed.) *Human Rights: A European Perspective* (1994) 339, 346.

㊸ Cullen, op. cit. , 162.

㊹ Van Bueren, op. cit. , 347.

㊺ Report of the Third Committee, 12 U. N. GAOR Annexes (Agenda Item 33) 1, at 4 (1957).

㊻ Ibid.

㊼ Harris, O'Boyle and Warbrick, op. cit. , 544.

㊽ App. 11533/85, 6 March 1987, (1987) 51 DR 125.

㊾ Id. 128.

(50) Cullen, op. cit., 169.

(51) Nowak, op. cit., p. 207 and n. 54.

(52) 112 Great Britain T. S. 232 (signed 28 June 1919).

(53) Van Bueren, op. cit., 348.

(54) Id. 343.

(55) U. N. Doc. A/C3/SR 1023; U. N. Doc. A/C3/SR 1024.

(56) Communication No. 191/1985, paragraphs 10. 2 – 10. 3; Communications Nos 298 and 299/1988, paragraphs 10. 2 – 10. 4.

(57) Official Report of the 35th Sitting of the Consultative Assembly, 8 December 1951. Collected Editions, V at pp. 1229 – 30.

(58) Series A, No. 6, p. 31 (1968).

(59) Application No. 10476/83, (11 December 1985), 45 DR 143 at 148 – 149 (1986).

(60) Cullen, op. cit., 169.

(61) Van Bueren, op. cit., 348.

(62) S. Poulter *English Law and Ethnic Minority Customs* (1986) 165.

(63) Ibid.

(64) Ibid.

(65) Regan *Local Government and Education*(2nd ed., 1979) 67.

(66) 6 L. N. T. S. 190(1920 年 11 月 9 日签署).

(67) P. Veerman *The Rights of the Child and the Changing Image of Childhood*(1992) 177.

(68) Cullen, op. cit., 169.

(69) Communication No. 40/1978 (United Nations Human Rights Committee).

(70) Id. para. 10. 4.

(71) Jacobs and White, op. cit., 264.

(72) Application No. 4733/71, 13 December 1971, (1971) 14 Yearbook 676.

(73) 第 25(4)条部分规定:“如果学生的父母……要求其……免于在校参加宗教礼拜或参加宗教指导,……那么,直到这种要求被撤回,该生应相应地免于参加这种活动。”

(74)《1944 年教育法》第 25(5)条。

(75) 333 U. S. 203 (1948).

(76) Id. at 209 – 210.

第五部分 结论

13. 国际合作及发展

国际合作

自 1945 年成立以来，联合国就认识到"国际合作解决经济、社会、文化或人道性质国际问题"的必要性。[①]《联合国宪章》整个第 9 章都在阐述"国际经济和社会合作"，其中的第 55 条规定，联合国应促进"国际文化和教育合作"。在努力实现第 55 条方面，联合国教科文组织一直走在前列。《联合国教育、科学及文化组织组织法》第 Ⅰ.2.（c）条提到联合国教科文组织的作用是通过下列办法传播知识："鼓励国家间在文化活动各个部门进行合作，包括国际间交换在教育、科学及文化领域中积极从事活动之人士，交换出版物、艺术及科学珍品及其他情报资料。"其组织法第 Ⅰ.2.（b）条同时要求联合国教科文组织与各国协作开展各种教育活动及促进享有平等的受教育机会之理想。在地区层面，教育领域的国际合作也一直在进行。正如《美洲国家组织宪章》第 99 条所说，美洲国家间教育、科学及文化理事会的宗旨是，"通过成员国间教育、科学及文化的合作与交流，促进美洲人民之间的友好关系和相互理解……"理事会在这方面的职责在第 100 条中有更清晰的规定。根据第 100（f）条，理事会应鼓励教授、研究人员、技术人员、学生及学习资料的交换，鼓励签订多边协定，以逐渐协调课程表及相互承认学位和证书。[②]

在深化《联合国教育、科学及文化组织组织法》所规定的宗旨的过程中，达成了一些国际协议，以促进书籍、出版物以及教育、科学和文化资料在缔约国间的自由流通。1949 年 7 月 15 日《促进教育、科学与文化性质的视听材料的国际交流的协定》和 1950 年 11 月 22 日《关于教育、科学和文化物品的进口的协定》实质上免除了进口教育物品的关税、进口限制和进口许可。联合国大会和联合国教科文组织大会也在积极促进会员国间人员和物质资源的交流。《关于促进青年人和平、互敬和人民之间理解之理想宣言》③中的原则 4 规定，"应鼓励各国青年间的交流、旅行、游览、会议、学习别国语言、城市及大学之间的联谊……并为此提供各项便利"。联合国教科文组织大会在 1974 年《关于促进国际了解、合作与和平的教育以及关于人权与基本自由的教育的建议》的第十部分中全面阐述了"国际合作"这一主题。其原则 43 呼吁各会员国加强接纳外国学生、研究人员、教师和教育者的项目，促进学校儿童互访及学生、教师和教科书的交流。加强教育领域国际团结是 1990 年 3 月在泰国宗滴恩举行的世界全民教育大会的主要议题。会议通过的《世界全民教育宣言》中，第 10（1）条宣布，满足基本学习需求需要国际团结，应认识到所有国家在设计有效的教育政策和方案方面，都有着可以共享的宝贵知识和经验。

《经济、社会及文化权利国际公约》第 15（4）条将国家在教育领域与他国合作的责任置于一种准法律的地位。第 15（4）条反映了各缔约国承认"在科学和文化领域促进和开展国际接触和合作带来的好处"。最新和最系统的对国际合作的责任的规定出现在《儿童权利公约》第 28（3）条。该条规定：

　　缔约国应促进和鼓励有关教育事项方面的国际合作，特别着眼于在全世界消灭愚昧和文盲，并便利获得科技知识和现代教学方法。在这方面，应特别考虑到发展中国家的需要。

第 28（3）条的实质内容转化成了联合国教科文组织 1966 年《关于教师地位的建议》第 10（a）条，这是一项有关合作项目、研究结论交流、教师培养和在职培训的有拘束力的法律责任条款。《儿童权利公约》第 4 条也提到，关于经济、社会及文化权利，缔约国应"根据其现有资源所允许的最大限度并视需要在国际合作范围内"④采取所有适当措施，实施公约承认的权利。《儿童权利公约》第 4 条类似于《经济、社会及文化权利国际公约》第 2

（1）条，后者要求缔约国各自或通过国际合作逐步采取措施，在其现有资源最大范围内，渐进地充分实现公约承认的权利。根据《关于执行经济、社会及文化权利国际公约的林堡原则》⑤中的原则26，出现在《经济、社会及文化权利国际公约》第2（1）条中的"其现有资源"一词既指一国内部的资源，又指通过国际合作和援助可从国际社会得到的资源。经济、社会及文化权利委员会也对该词进行了解释，指其为国际社会作为整体可以利用的资源总量以及可以由国际合作和援助分配的资源。⑥这表明，提供基础教育的责任应不仅限于单个国家，国家的经济和资源局限可通过共同努力以及国际层面的资源整合得到克服。⑦

发展

通过国际间信息、知识和技术转移等方面的合作，对欠发达国家儿童受教育权的有效实现具有实质意义。再者，多项研究表明，受教育权是这些国家发展所依赖的一个经济需求。⑧工业化国家和发展中国家间教育设施的差别要求对学术合作采取积极的政策，这类合作将有助于发展权的实施。⑨

提供教育应被所有国家视为一项长期的、高度优先的投资，因为教育可以将个人培育成国家发展过程中的宝贵资源。⑩正如联合国儿童基金会所指出的，一个社会在教育投资上的失败将使其他发展努力事倍功半，不论是增加农业产出的努力还是使人民获取照顾儿童知识的努力。⑪教育支出应被视为人力资本投资，因为根据世界银行的研究，没有教育就没有发展。⑫世界银行的研究也一直表明，教育的经济回报要比其他大多数投资要高。⑬因此，教育既是经济发展的原因又是经济发展的结果。联合国教科文组织大会同样承认，教育是国家经济发展中的基本因素，大会呼吁各国将教育规划作为提高生活水平的综合性社会计划中的必要部分。⑭

拉丁美洲国家最先强调教育和民族发展之间联系的重要性。⑮《美洲国家组织宪章》第100（e）条要求美洲国家间教育、科学及文化理事会"激励和支持科学、技术教育及研究，特别是当这些研究有关国家发展计划的时候"。1962年《中美洲统一教育基本规范公约》第8条规定：

签署国认识到，分配给教育的基金必须被视为资本投资。因此，在签署国的一般预算中，应给予教育优先权，以加速其人民的经济和社会发展。

该主题在 1968 年于德黑兰举行的国际人权大会上获得重视。在第 12 项决议中，大会促请联合国教科文组织支持有关文化有助经济和社会发展的努力。1969 年 12 月 11 日，联合国大会公布了《社会进步和发展宣言》[16]，其在第 10（e）条将消除文盲列为提高所有成员国的生活质量需达到的目标之一。联合国大会近来于 1986 年 12 月 4 日在《发展权宣言》[17]第 8（1）条宣布，实现发展权，除其他条件之外，要求"人人有获取……教育的平等机会"。尽管《儿童权利公约》第 28（3）条并未在教育的背景下将发展置于法律的地位，但它对发展中国家却有积极的含义，因为其要求缔约国为获得科技知识和现代教学方法提供便利。1990 年世界全民教育大会通过的《世界全民教育宣言》确认，基础教育对各国获取自主发展的能力具有根本性作用。《世界全民教育宣言》将基础教育描述为人类发展的基础[18]及"对人民和对国家的未来可以做的最意义深远的投资"[19]。

在过去的 20 年中，国际社会关注的焦点集中于基础教育在农村人文、经济和社会发展中所处的关键性地位。儿童读、写和理解基本计算的能力将对他/她的将来具有重要的意义。例如，假设一个男孩在较早的年龄从学校辍学成为一个成年文盲农民，他将不能读懂说明书，不会称量肥料、计算收入、计划预算，以及无法保护自己免受不良债权人的侵扰。认识到这些以及其他一些问题，在联合国粮农组织的支持下，农业改革和农村发展世界大会于 1979 年 7 月在罗马召开。大会通过了《原则宣言》以及《行动计划》。《行动计划》的第Ⅶ部分规定：

教育，包括学前教育和初等教育，以及培训及其延伸服务，是农村地区人类发展也是农村经济扩张和现代化的基本需要。基本的读、写、算以及包括那些农村地区儿童在内的所有儿童的免费教育，值得成为最重要的优先事项。同样重要的是创设和扩展对男性和女性的培训及拓展网络，从而发展并改进其技能、提高其生产力和增收能力。

《行动计划》第Ⅶ A（ⅲ）部分敦促各国政府考虑采取行动加强非正规教育项目，强调诸如功能性文盲、健康、家庭经济、营养和计划生育等方面的教育。联合国教科文组织在此领域也相当积极。在其《全民教育第二个中期计划（1984—1989）》中，联合国教科文组织批准了一项拓展和改善农村地区教育的项目，其下的三个子项目都与推广教育服务、提高教育水平以及对教育发展做出贡献有关。

自从 20 世纪 60 年代以来，许多发展中国家都着手改革其传统教育制度以克服殖民时期的旧况并且更加关注其公民的需要。在不计其数的事例中，这些国家的该项工作均得到联合国教科文组织、联合国儿童基金会、双边捐赠人以及私人资助机构的协助。例如，坦桑尼亚的朱利叶斯·尼雷尔（Julius Nyerere）总统于 1967 年在初等学校系统发起"自立教育"活动。根据该活动的倡议，为了突出农村地区的需要，教科书被重新编写，耕作方法也成为常规课程的一部分。[20]在过去的 20 年中，一些发展中国家不仅如此，而且还开始为那些从未入学或在较早年龄辍学的儿童提供校外或非正式教育。1971年，联合国儿童基金会委托教育发展国际委员会着手研究应在正规学校系统外做些什么来帮助防止那些或辍学或从未入学的数百万儿童所代表的社会和经济资源的浪费。委员会建议各国在其特定的教育需要基础上，制定一个"最低标准一揽子措施"，如此每个儿童将能够获得：

——实用读写以及在简单农业中所用的基本算数教育；
——家庭饮食中的合理营养；
——对自然和环境保护的基本认识；
——建设性参与社区事务的社会环境知识；
——关于儿童照顾、家庭规划和保健的信息。[21]

一些发展中国家响应了该项号召，如肯尼亚开办了"村庄工艺学校"，泰国为辍学儿童提供移动培训学校，布基纳法索开展了农村教育中心网络。这些计划的目的都是向那些居住在农村地区的人提供包括知识和技能的基础教育，使其能过上朴素但更好的生活。[22]

1979 年联合国《消除对妇女一切形式歧视国际公约》相当详细地阐述了居住在农村地区的妇女和女童的困境。该公约要求缔约国采取一切适当措施消除对这些妇女和女童的歧视，目的是为了确保她们能够在与男子平等的基础上参与农村发展并从中获益。该公约第 14（2）条要求缔约国确保居住在农村的妇女有参加发展规划的起草和实施的权利，以及为提高其技术熟练度而获得所有类型正规或非正规培训及教育的权利。[23]

注 释：

① 《联合国宪章》第 1（3）条。

② 《美洲国家组织宪章》其他相关的条款是第 100（c）条和第 100（i）条，其分别涉及支持成员国提高和扩充各级教育的集体努力，以及为保存美洲国家文化遗产培育合作与技术支持。

③ 1965 年 12 月 7 日大会第 2037（XX）号决议公布。

④ 同时参见该公约序言最后一段（关于特别是在发展中国家进行国际合作以提高生活条件的重要性），以及第 23（4）条（涉及缔约国以国际合作的精神促进有关残疾儿童的安置教育和职业服务的义务）。

⑤ U. N. Doc. E/CN. 4/1987/17, Annex.

⑥ 1990 年经济、社会及文化权利委员会第 3 号一般性评论。

⑦ C. Beyani "The Prerequisites of Education" in *Education Rights and Minorities* (1994) (A Minority Rights Group Report) 14, 15.

⑧ M. EI Fasi "The Right to Education and Culture" (1968) 9 *Journal of the International Commission of Jurist* 33, 37 – 38; A. M' Bow "Introduction" in G. Mialaret (ed.) *The Child's Right to Education* (1979) 9, 15.

⑨ M. Nowak "The Right to Education" in A. Eide (ed.) *Economic, Social and Cultural Rights*(1995) 189, 198.

⑩ Beyani, op. cit. , 15.

⑪ U. N. I. C. E. F. *The World Summit for Children* 32.

⑫ World Bank *Education in Sub-Saharan Africa*(1988).

⑬ 例如，四年的初等教育是与农业收成至少平均提高 10% 联系在一起的：U. N. I. C. E. F. , op. cit. , 32.

⑭ 参见 1966 年联合国教科文组织《关于教师地位的建议》。

⑮ 拉丁美洲国家教育、经济及社会发展会议于 1962 年 3 月在智利圣地亚哥举行。

⑯ 第 2542(XXIV)号决议。

⑰ 第 41/128 号决议。

⑱ 第 1(4)条。

⑲ 第 9(1)条。

⑳ M. Black` *The Children and the Nations*：*The Story of Unicef*(1986) 318.

㉑ Id. 320 – 321.

㉒ Id. 318.

㉓ 特别是参见第 14 (2)(a)条和第 14(2)(d)条。

14. 结论

儿童受教育权的有效实现从根本上说是一个意愿的问题。只有政府和国际社会具有政治意愿才能将该项基本权利推进到一个有助于每个个体全面发展和每个社会进步的程度。[①]

受教育权的最低核心内容

从之前的调查分析可以显而易见地看出，过去50年中，国际社会已经将受教育权确认为一项基本权利。即使是对主要的国际和地区性人权文件做最低限度的解读，其也规定了许多重要的国家义务。

与"接受教育的权利"（a right of access to education）相反，受教育权（the right to education）的标准构成是指政府有义务提供教育，即使在没有现存学校之时也是如此。[②]在国际人权法下，国家最起码要建立和维持足够的教育设施。国家可以借助私人部门的协助以完成该项要求，后者在国际习惯法下有权利以宗教、语言或其他被认可的理由设立和管理私立教育机构。国家还要确保满足国际法规定的各种条件，如初等教育的免费和义务性。

主要的国际和地区性人权文件一般确认了国家的以下义务：

（a）初等教育应对一切人义务开放且免费提供。[③]

（b）中等教育应普遍设立，并对一切人开放；要逐渐实现免费的中等教育并为有需要者提供财政资助。[④]

（c）高等教育应以能力为基础对一切人平等开放；应逐渐实现免费的第三级教育。

（d）应为残疾人以及那些没有完成完整初等教育的人设立特殊教育项目。

（e）应在不歧视与教育机会平等的基础上保证所有层次教育项目的机会和待遇平等。[⑤]

（f）根据一定条件，国家必须尊重个人和团体以及少数群体设立和管理教育机构的自由。

老问题：新方向

正如一位评论者贴切地指出的那样，如果只是停留于死的文字（这仅是宣布一些崇高的原则）是不够的，因为缺乏实现它们的方法或是方法不完善。[⑥]

当然，必须承认受教育权基本上属于包括了经济、社会与文化权利的第二代人权。与政治和公民权利不同，这些第二代人权的有效实现要求渐进投入巨大数额的资金。事实上，在很多国家的实践中，健康、教育和国防构成了政府最主要的支出项目。这些内容已经被《经济、社会及文化权利国际公约》第2（1）条所承认，它要求缔约国采取措施"……尽最大能力逐渐达到公约中所承认权利的充分实现"。《儿童权利公约》也赋予每个缔约国以自由裁量权。其第28（1）条的标题也承认儿童的受教育权应在渐进的基础上实现。在《儿童权利公约》的起草过程中，中国代表指出了各国经济发展处于不同水平以及其对提供免费教育具有的影响，这得到了其他代表的支持。[⑦]

大约30年前，穆罕默德·依爱·法祀（Mohammed El Fasi）就写道，尽管世界已经确认了受教育权，并且也试图将其变为事实，但仍需投入更大的资源。[⑧]令人悲哀的是，这些观点今天已成现实。联合国开发计划署准备的《人类发展报告》指出，目前的国家教育支出水平不足以满足当代世界的教育需求。[⑨]1990年《世界全民教育宣言》第10（2）条规定："需要实质性且长期地增加基础教育的资源。"由于人们期待发达国家政府为其公民提供更多的东西，特别是在社会福利领域，因此教育预算分配往往就成了被牺牲的对象。《世界全民教育宣言》序言间接地提到，20世纪80年代期间一些工业化国家削减政府预算已经导致其教育系统的退化。

影响发展中国家儿童实现其受教育权的最大障碍是贫困。问题并不在于儿童没有学校可上，因为有超过90%的发展中国家儿童确实都开始了初等教育。问题的关键是在于儿童辍学和留级等造成的过高的浪费率。据联合国儿童基金会估算，1990 年，大约有 1 亿 6 岁儿童开始上学，而在完成他们的初等教育之前，则有 4000 万儿童已经辍学。[10]发达国家与发展中国家在提供教育方面的差距持续扩大，主要原因是后者缺乏经济资源。更为值得关注的是发展中国家的教育财政持续下降的趋势。[11]1989 年，发达国家的免费全日制义务教育的平均年限为 9 年[12]；而 1988 年发展中国家的义务教育年限则是 7 年[13]。资金匮乏会阻碍政府设立新学校和维护现有学校、开办教师培训学院、雇用有胜任力的教学和行政人员以及为学生提供充足的交通设施，因为所有这些都直接依赖于国家经济资源的配置。贫困要么会使家庭难以负担学费或课本与学习材料的费用，要么即使在免费上学的情况下，当子女干活可以增加微薄的家庭收入时，家庭也难以送子女上学。[14]拯救儿童基金会所做的一项调查表明，非洲国家由于其债务负担的缘故，一些时候不得不收取学费或是提高学费，从而增加了家庭的教育负担[15]，结果导致数以百万计的儿童或者无法入学，或者不能完成他们的基础教育。

经济资源的缺乏以及贫困还会阻碍儿童参与并从教育机会中获益。贫困导致饥饿和营养不良，这些会无可挽回地损害儿童正在发育的大脑。[16]资源缺乏会使政府不能在学生居住的合理距离内设置学校，或是为其提供充足的交通设施作为替代。然而，1990 年《世界全民教育宣言》第 6 条承认，学习不会孤立地发生，为了保证儿童积极参与教育并从中获益，国家必须保证所有学习者获得营养、健康照顾和他们所需的一般性支持。正如一位评论者所建议的，为了有效提供义务教育以履行义务，缔约国要超越只是要求最低年限义务教育的声明，而需建立一个立法框架，其中也应包括诸如交通和学校中的营养等多方面事项。[17]

《世界全民教育宣言》第 9 条强调那些正在进行结构性调整和面临严重债务负担的国家需要对基础教育予以特殊保护。发展中国家的结构性调整政策已经对其提供基础教育的能力产生了负面影响。[18]依照这项政策，国际社会对非洲、亚洲、东欧和俄罗斯等国家的财政资助要求它们将原有的国有垄断经济结构调整为私有企业。[19]除了引入自由经济以及对价格和外贸控制的市场压力以外，结构调整政策还包含国家减少参与经济管理和提供社会服务，其中也包括教育。由于失去了国家资助以及收取或提高学费超出了许多低收入家庭的负担能力，发展中国家的教育提供因此受到了负面影响。[20]教育成本的负担不断被转移到家庭，其形式不仅包括收取学费，而且包括提高教科书和学习材料的价格，这些都会导致贫困家庭的儿童不能继续求学。一位评论者已经指出结构调整带来的危险：

> 结构调整从实质上看是要转移国家提供经济、社会及文化权利的义务。它质疑提供社会服务是政府责任的前提假设，并且形成一种私人组织提供社会服务的趋势。非政府组织正在持续地参与教育，但即使是在初等阶段，它们参与的代价也是教育不再免费。[21]

对发展中国家来说，结构调整政策的最大危险在于忽视人力资源的发展。考虑到国家发展的结果，国家在做出任何免除其自身教育责任的决定之前都应进行谨慎的思考。

对发展中国家来说，外部债务的管理与儿童是否入学之间存在着直接的关联。《世界全民教育宣言》第10（2）条号召债权人和债权国，应寻求创新且合理的措施来缓解发展中国家沉重的债务负担，从而提高它们对基础教育诉求做出有效反应的能力。一位评论者已经力劝发展中国家在国际贷款协议再谈判过程中更有效地利用其条约义务。这些国家能够而且应当在与国际经济机构如世界银行等进行谈判的时候，利用这些义务作为筹码来拒绝那些在利息偿还重组中可能阻碍其渐进实现基础教育权的条件。[22]有观点指出，即使在现有预算下，通过国家财政支出重组，如果将更多的资源分配到为大多数人服务的初等学校而不是为少数人服务的高等学校，那也可以改善入学与读写能力的发展。[23]1990年世界全民教育大会呼吁各国政府从每年庞大的国防支出预算中分出一部分转为教育支出，以完成满足基本学习需要的紧迫任务。[24]

国家缺乏可用的经济资源和普遍的贫困不是实现受教育权的唯一障碍，国际及国内的武装冲突或是民事冲突也会破坏生活的常规。当学校正处于冲突地带附近时，学生就不可能进行常规学业。尽管学校被国际人道主义法[25]所保护，但还是经常成为攻击的目标。[26]在过去的二三十年中，学龄儿童不断应征进入反叛武装部落成为童子军。国家专注于军备竞赛，从而减少了本将用于教育的国民预算分配。而国际人道主义法与裁军法对这些问题的成功化解将会对基础教育权的有效实现产生积极和持续的影响。

受教育权还会因得不到政治上足够的重视而受到不利影响。[27]1990 年世界全民教育大会宣布，对所有人有效提供基础教育有赖于政治承诺以及通过适当和支持性的财政、经济、贸易、劳工、雇佣和健康政策支持的政治意愿。[28]国际援助的捐赠人应与此一致，给予基础教育更高的优先考虑。工业化国家有不足一个百分点的教育资助支持初等教育。[29]

那些根深蒂固的社会团体间的敌对、偏见和不信任也使受教育权的实现受到挫折。那些富裕和有影响力的社会阶层成员可能会害怕，一旦较低社会阶层的成员可以得到更有利的教育机会，他们的特权地位将会被动摇。同样，占主导地位的宗教或民族群体的成员也不愿意为群体外部的人提供平等权利。[30]这些都会导致对不同群体的歧视。被授权监督《经济、社会及文化权利国际公约》实施的经济、社会及文化权利委员会已经要求缔约国提供对不同群体儿童，特别是在初等教育阶段儿童的教育歧视的信息。这些受歧视的群体包括女童、残疾儿童、土著与少数儿童、农村儿童、低收入家庭儿童以及移民和移民工人的儿童。[31]世界全民教育大会已经号召各国积极承诺消除教育不平等，从而使这些"被服务不周的群体"不会在教育机会方面受到任何歧视。[32]

尽管国际人权法承认受教育权，但对于什么会构成有实质性意义的教育，以及儿童应当在初等教育结束之际获得哪些技能，却鲜有实际的指导。《世界全民教育宣言》在序言中号召各国应使基础教育变得更为实事求是。例如，那些近年来刚刚脱离殖民统治而独立的国家，应当修订其课程以更加符合其人民的发展需要和渴望。教师地位的重要性得到确认，这也相当关键。正如世界全民教育大会所指出的，教师的工作条件、要求以及教师的地位，是实现受教育权的重要决定因素，必须作为所有国家的头等大事予以改善，并必须与国际劳工组织和联合国教科文组织 1966 年共同制定的《关于教师地位的建议》相一致。[33]

缺少对受教育权执行的有效监督是阻碍其充分实现的另外一个障碍。在过去 50 年中，尽管国际人权文件在深入和详尽地澄清权利内容的方面表现卓越，但在创设有效的实施监督机制方面却不尽如人意。当然，各国并不情愿接受外部审查，这在教育领域似乎也不例外。根据《取缔教育歧视公约》第7条，缔约国须向联合国经济和社会理事会定期提交报告，提供其在执行公约方面采取的立法和行政措施。然而遗憾的是，报告程序并未从缔约国得到所要求的有效执行公约宗旨的信息和说明。[34]报告程序以成员国的低反馈率、所提交报告的低质量以及低完整性而"别具一格"。[35]1962年《设立一个和解及斡旋委员会负责对〈取缔教育歧视公约〉各缔约国间可能发生的任何争端寻求解决办法的议定书》导致的申诉的缺失，就是与个人申诉程序相比，作为执行机制的国家间申诉毫无用处的另一例证。

通过改善报告和监督程序以及缔约国下更大决心去自觉并善意地履行国际文件规定的报告要求和义务，受教育权就能更充分地实现。有《关于执行经济、社会及文化权利国际公约的林堡原则》[36]护航，有国际和各国非政府组织的协助与合作，现在是由联合国经济、社会及文化权利委员会以及儿童权利委员会就缔约国报告向这些国家进行果断质问的时候了。正如对其他经济、社会及文化权利的监督，对受教育权的渐进执行进行监督也会得益于采用可靠的指标。[37]这种指标的一个重要目的是要将不愿履行条约义务与不能履行条约义务区分开。[38]为此，对趋势的记录和分析将比传统上使用的跨国对比和国家分类呈现出更精确的结果[39]。从而，有人建议每个国家的实施应在跨时间段的基础上在几年的时间内予以评估。在教育部门，可靠的跨时间段指标可能包括识字率、入学率、完成学业及退学率、生师比，以及公共教育开支在整个公共开支中的百分比或者与其他部门比如军事部门的对比。[40]然而，这些指标必须在缔约国整体政治和经济形势的背景下进行评估，要考虑到经济健康度、收支平衡情况以及武装冲突或内部冲突的存在等因素。[41]

鉴于受教育权与其他人权（诸如健康权、一定水平的生活权以及不受肆意歧视的权利）间相辅相成的关系，普遍认为后者诸权利的改善可以使前者收效显著。在国际合作以及联合国及其相关机构，如联合国教科文组织、联合国儿童基金会、国际劳工组织和联合国粮农组织的相关框架内，发达国家向发展中国家进行的信息与技术的传递必须继续开展并不断加强，以防止国与国之间在为其公民提供教育机会方面的比率与质量差距进一步扩大。

注 释:

① Amadou-Mahtar M'Bow（联合国教科文组织前总干事）"Introduction" to G. Mialaret (ed.) *The Child's Right to Education* (1979) 9, 16.

② U. N. Doc. E/CN. 4/SR 285.

③ 尽管受教育权同样属于成人和儿童,但义务性初等教育仅适用于儿童。义务性初等教育原则早在教育被视为人权之前就为很多西方国家所接受,意指儿童接受基本的最低限度教育最符合他们的利益。在赋予缔约国提供免费初等教育的义务就更易使入学成为义务的意义上,该原则是与免费教育原则相关联的。

④ 不同于初等教育,中等教育并非是义务性的,这部分缘于认识到很多家庭特别是发展中国家的家庭为了生存而需要中等学校适龄儿童提供收入。然而,提供免费的中等教育将非常有助于所有人都能享有中等教育。

⑤ 实现教育机会平等的方法之一是使教育免费且属义务性,直至达到一个特定的最低年龄。

⑥ M. EI Fasi "The Right to Education and Culture" (1968) 9 *Journal of the International Commission of Jurist* 33, 34 – 35.

⑦ Commission on Human Rights *Report of the Working Group on a Draft Convention on the Rights of the Child* E/CN. 4/1985/64 (3 April 1985) p. 11, para. 58.

⑧ EI Fasi, op. cit., 39.

⑨ United Nations *Human Development Report* (1991) 2.

⑩ U. N. I. C. E. F. *The World Summit for Children* (1990) 32.

⑪ United Nations *Human Development Report* (1993).

⑫ United Nations *Human Development Report* (1991) 181 (Table 33).

⑬ Id. at 146 – 147 (Table 14).

⑭ M' Bow, op. cit., 13.

⑮ Save the Children Fund *Prospects for Africa's Children* 113.

⑯ M' Bow, op. cit., 12.

⑰ G. Van Bueren *The International Law on the Rights of the Child* (1995) 238 – 239.

⑱ C. Beyani "The Prerequisites of Education" in *Education Rights and Minorities* (A Minority Rights Group Report) (1994) 14.

⑲ United Nations *Report of the Special Rapporteur on the Realization of Economic, Social and Cultural Rights* E/CN. 4/Sub. 2/1992/16 pp. 11 – 31.

⑳ Beyani, op. cit., 14.

㉑ Beyani, op. cit., 15.

㉒ Van Bueren, op. cit., 237.

㉓ U. N. I. C. E. F., op. cit., 14.

㉔《世界全民教育宣言》第9(2)条。

㉕ 参见1949年8月12日《日内瓦公约附加议定书》第52条关于保护国际性武装冲突受难者的规定(第一议定书)。

㉖ Beyani, op. cit., 16.

㉗ Van Bueren, op. cit., 256.

㉘《世界全民教育宣言》第8条。

㉙ U. N. I. C. E. F., op. cit., 14.

㉚ N. Tarrow *Human Rights and Education* (1987) 11.

㉛ U. N. Doc. E/1988/5.

㉜《世界全民教育宣言》第3(4)条。

㉝《世界全民教育宣言》第7条。

㉞ 缔约国须向公约委员会定期提交国家报告,委员会据此写出其自己的报告。不同于根据《公民与政治权利国际公约》成立的人权事务委员会,公约委员会并不就缔约国的报告与其进行对话。

㉟ U. N. E. S. C. O. Document23 C/72；U. N. E. S. C. O. Document 26 C/31：3 - 4, 22.

㊱ U. N. Doc. E/CN. 4/1987/17, Annex.

㊲ 参见1993年1月于日内瓦举行的"联合国关于衡量渐进实现经济、社会及文化权利进展的适当标准的研讨会"报告：U. N. Doc. A/CONF. 157/PC/73。

㊳ M. Nowak "The Right to Education" in A. Eide (ed.) *Economic, Social and Cultural Rights* (1995) 189, 200.

㊴ Ibid.

㊵ Ibid.

㊶ Ibid.

参考文献

Alfredsson, G. (1995), "The Right to Human Rights Education", in A. Eide, C. Krause and A. Rosas(eds), *Economic, Social and Cultural Rights: A Textbook*, Martinus Nijhoff, Dordrecht, pp. 213 – 227.

Arajävi, P. (1992), "Article 26", in A. Eide, G. Alfredsson, G. Melander, L. Adam Rehof and A. Rosas(eds), *The Universal Declaration of Human Rights: A Commentary*, Scandinavian University Press, Oslo, pp. 405 – 428.

Bainham, A. (1988), *Children, Parents and the State*, Sweet and Maxwell, London.

Beyani, C. (1994), "The Prerequisites of Education", in *Education Rights and Minorities*, The Minority Rights Group, London, pp. 14 – 17.

Black, M. (1986), *The Children and the Nations: The Story of Unicef*, P. I. C. Pty Ltd, Sydney.

Brownlie, I. (ed.) (3rd ed., 1992), *Basic Documents on Human Rights*, Clarendon Press, Oxford.

Capotorti, F. (1979), *Study on the Rights of Persons Belonging to Ethnic, Religious and Linguistic Minorities*, E/CN. 4/Sub.2/384/Rev. I, United Nations, New York.

Chirstopher, C. (1984), "*Plyer v. Doe* and the Right of Undocumented Alien Children to a Free Public Education", *Boston University International Law Journal*, vol.2, pp.513 – 536.

Cresswell, R. and Hobson, P. (1993), "Parental Rights, Education and Liberal Tolerance", *Discourse*, vol.14, pp. 44 – 51.

Crittenden, B. (1989), "The Rights of Children", *Melbourne Report*, vol. 5, pp. 4 – 6.

Cullen, H. (1993), "Education Rights or Minority Rights?", *International Journal of Law and the Family*, vol. 7, pp. 143 – 177.

Davis, S. and Schwartz, M. (1987), *Children's Rights and the Law*, D. C. Heath and Company, Lexington, Massachusetts.

De la Vega, C. (1994), "The Right to Equal Education: Merely a Guiding Principle or Customary International Legal Right?", *Harvard Black Letter Law Journal*, vol. 11, pp. 37 – 60.

Detrick, S. (ed.) (1992), *The United Nations Convention on the Rights of the Child: A Guide to the "Travaux Préparatoires"*, Martinus Nijhoff Publishers, Dordrecht.

El Fasi, M. (1968), "The Right to Education and Culture", *Journal of the International Commission of Jurists*, vol. 9, pp. 33 – 40.

Forster, K. (1989), "Parents' Rights and Educational Policy", *Educational Philosophy and Theory*, vol. 21. pp. 47 – 52.

Foster, W. and Pinheiro, G. (1987 – 88), "Constitutional Protection of the Right to an Education", *Dalhousie Law Journal*, vol. 11, pp. 755 – 832.

Gould, M. (1990), "Children's Education and the European Court of Justice", in D. Freestone (ed.), *Children and The Law: Essays in Honour of Professor H. K. Bevan*, Hull University Press, Hull, pp. 172 – 200.

Graham-Brown, S. (1994), "The Role of the Curriculum", in *Education Rights and Minorities*, The Minority Rights Group, London, pp. 27 – 32.

Hannum, H. (ed.) (1993), *Documents on Autonomy and Minority Rights*, Martinus Nijhoff Publishers, Dordrecht.

Harris, D., O'Boyle, M. and Warbrick, C. (1995), *Law of the European Convention on Human Rights*, Butterworths, London.

Hayes, R. and MacAlpine, S. (1986), "A Lawyers' View of Special Education: Past, Present and Future", *Australian Journal of Special Education*, vol. 10, pp. 33 – 39.

Herr, S. (1981), "Rights of Disabled Persons: International Principles and American Experiences", *Columbia Human Rights Law Review*, vol. 12, pp. 1 – 55.

Hodgson, D. (1992), "The Historical Development and 'Internationalisation' of the Children's Rights Movement", *Australian Journal of Family Law*, vol. 6, pp. 252 – 279.

Jacobs, F. and White, R. (2nd ed., 1996), *The European Convention on Human Rights*, Clarendon Press, Oxford.

Jones, C. and Warner, R. (1994), "Language and Education", in *Education Rights and Minorities*, The Minority Rights Group, London, pp. 18 – 23.

Knight, S. (1995), "Propostion 187 and International Human Rights Law: Illegal Discrimination in the Right to Education", *Hastings International and Comparative Law Review*, vol. 19, pp. 183 – 220.

Martínez Cobo, J. (1986), *Study of the Problem of Discrimination Against Indigenous Populations*, E/CN. 4/Sub. 2/1986/7/Add. 4, United Nation, New York.

Mialaret, G. (ed.) (1979), *The Child's Right to Education*, U. N. E. S. C. O., Paris.

Neal, D. (1982), "The Right to Education: The Case of Special Education", *Australian Quarterly*, vol. 54, pp. 147 – 160.

Nowak, M. (1995), "The Right to Education", in A. Eide, C. Krause and A. Rosas(eds), *Economic, Social and Cultural Rights: A Textbook*, Martinus Nijhoff Publishers, Dordrecht, pp. 189 – 211.

Opekokew, D. and Pratt, A. (1992), "The Treaty Right to Education in Saskatchewan", *The Windsor Yearbook of Access to Justice*, vol. 12, pp. 3 – 51.

Pogany, I. (1982), "Education: The Rights of Children and Parents Under the European Convention on Human Rights", *New Law Journal*, vol. 132, pp. 344 – 346.

Poulter, S. (1986), *English Law and Ethnic Minority Customs*, Butterworths, London.

Seck, M. (1990), "A Plea for Human Rights Education in Africa", *Human Rights Law Journal*, vol. 11, pp. 283 – 299.

Skutnabb-Kangas, T. (1990), *Language, Literacy and Minorities*, The Minority Rights Group, London.

Snook, I. (1979), *Education and Rights*, Melbourne University Press, Melbourne.

Tarrow, N. (ed.)(1987), *Human Rights and Education*, Pergamon Press, New York.

Thornberry, P. (1991), *Minorities and Human Rights Law*, The Minority Rights Group, London.

Thornberry, P. (1994), "International Standards", in *Education Rights and Minorities*, The Minority Rights Group, London, pp. 10 – 13.

Turner, J. (1992), "The Rights of the Child Under the U. N. Convention", *Law Institute Journal*, vol. 65, pp. 38 – 45.

U. N. E. S. C. O. (1990), *World Declaration on Education for All and Framework for Action to Meet Basic Learning Needs*, Inter-Agency Commission, New York.

U. N. I. C. E. F. (1990), *The World Summit for Children*, P. & L. A., Oxfordshire.

United Nations(1980), *United Nations Action in the Field of Human Rights*, United Nations, New York.

United Nation(1988), *United Nations Action in the Field of Human Rights*, United Nations, New York.

Van Bueren, G. (ed.)(1993), *International Documents on Children*, Martinus Nijhoff Publishers, Dordrecht.

Van Bueren, G. (1994), "Education: Whose Right is it Anyway?", in L. Heffernan(ed.), *Human Rights: A European Perspective*, The Round Hall Press, Dublin, pp. 339 – 349.

Van Bueren, G. (1995), *The International Law on the Rights of the Child*, Martinus Nijhoff Publishers, Dordrecht.

Van Der Wolf, W. J. F. M. (ed.)(1994), *Human Rights Selected Documents*, Global Law Association, Boxtel, The Netherlands.

Veerman, P. (1992), *The Rights of the Child and the Changing Image of Childhood*, Martinus Nijhoff Publishers, Dordrecht.

Walsh, B. (1981), "Existence and Meaning of Fundamental Rights in the Field of Education in Ireland", *Human Rights Law Journal*, vol. 2, pp. 319 – 327.

Weisberg, D. (1978), "Evolution of the Concept of the Rights of the Child in the Western World", *The Review*(International Commission of Jurists), vol. 21, pp. 43 – 51.

Wringe, C. (1981), *Children's Rights: A Philosophical Study*, Routledge and Kegan Paul, London.

Wringe, C. (1992), "The Ideology of Liberal Individualism, Welfare Rights and the Right to Education", in M. Freeman and P. Veerman(eds), *The Ideologies of Children's Rights*, Martinus Nijhoff Publishers, Dordrecht.

Yudof, M. (1993), "Articles 13 and 14-Right to Education", in H. Hannum and D. Fischer (eds), *U. S. Ratification of the International Covenants on Human Rights*, Transnational Publishers, Inc. , New York,pp. 235 – 245.

附　录

2006 年《残疾人权利国际公约》第二十四条

第二十四条　教育

一、缔约国确认残疾人享有受教育的权利。为了在不受歧视和机会均等的情况下实现这一权利，缔约国应当确保在各级教育实行包容性教育制度和终身学习，以便：

（一）充分开发人的潜力，培养自尊自重精神，加强对人权、基本自由和人的多样性的尊重；

（二）最充分地发展残疾人的个性、才华和创造力以及智能和体能；

（三）使所有残疾人能切实参与一个自由的社会。

二、为了实现这一权利，缔约国应当确保：

（一）残疾人不因残疾而被排拒于普通教育系统之外，残疾儿童不因残疾而被排拒于免费和义务初等教育或中等教育之外；

（二）残疾人可以在自己生活的社区内，在与其他人平等的基础上，获得包容性的优质免费初等教育和中等教育；

（三）提供合理便利以满足个人的需要；

（四）残疾人在普通教育系统中获得必要的支助，便利他们切实获得教育；

（五）按照有教无类的包容性目标，在最有利于发展学习和社交能力的环境中，提供适合个人情况的有效支助措施。

三、缔约国应当使残疾人能够学习生活和社交技能，便利他们充分和平等地参与教育和融入社区。为此目的，缔约国应当采取适当措施，包括：

（一）为学习盲文，替代文字，辅助和替代性交流方式、手段和模式，定向和行动技能提供便利，并为残疾人之间的相互支持和指导提供便利；

（二）为学习手语和宣传聋人的语言特性提供便利；

（三）确保以最适合个人情况的语文及交流方式和手段，在最有利于发展学习和社交能力的环境中，向盲、聋或聋盲人，特别是盲、聋或聋盲儿童提供教育。

四、为了帮助确保实现这项权利，缔约国应当采取适当措施，聘用有资格以手语和（或）盲文教学的教师，包括残疾教师，并对各级教育的专业人员和工作人员进行培训。这种培训应当包括对残疾的了解和学习使用适当的辅助和替代性交流方式、手段和模式、教育技巧和材料以协助残疾人。

五、缔约国应当确保残疾人能够在不受歧视和与其他人平等的基础上，获得普通高等教育、职业培训、成人教育和终身学习。为此目的，缔约国应当确保向残疾人提供合理便利。

出版人　　所广一
责任编辑　孔　军
版式设计　杨玲玲
责任校对　贾静芳
责任印制　曲凤玲

图书在版编目（CIP）数据

受教育人权/（澳）霍奇森著；申素平译. —
北京：教育科学出版社，2012.11
书名原文：The Human Right to Education
ISBN 978 - 7 - 5041 - 6865 - 8

Ⅰ.①受…　Ⅱ.①霍…②申…　Ⅲ.①教育—公民权—
研究　Ⅳ.①D911.04

中国版本图书馆 CIP 数据核字（2012）第 174725 号

北京市版权局著作权合同登记　图字：01 - 2011 - 3784 号

受教育人权

SHOUJIAOYU RENQUAN

出版发行	教育科学出版社		
社　　址	北京·朝阳区安慧北里安园甲 9 号	市场部电话	010 - 64989009
邮　　编	100101	编辑部电话	010 - 64981167
传　　真	010 - 64891796	网　　址	http://www.esph.com.cn
经　　销	各地新华书店		
制　　作	北京博祥图文设计中心		
印　　刷	北京中科印刷有限公司		
开　　本	169 毫米×239 毫米　16 开	版　　次	2012 年 11 月第 1 版
印　　张	12.25	印　　次	2012 年 11 月第 1 次印刷
字　　数	179 千	定　　价	29.00 元